凛《りん》凛《りん》チャップリン

伊藤　千尋

はじめに

チャップリンの映画を病院の劇場で上映したら、患者の一人が大笑いしながら立ち上がって劇場の端まで歩いて行った。松葉づえを忘れたまま……。そんな話がある。

チャップリンの映画を観ていると、深刻なことを忘れてしまう。精神だけでなく肉体も元気になる。嫌な現実から一時的に逃避するのではなく、大笑いしたあとも愉快な記憶が頭から離れない。人生が楽しくなるし、いま抱えている問題はいずれ克服できると楽観的な気持ちになる。そして笑いながら、いつしか涙ぐむのだ。一過性の「お笑い」とは違って、チャップリンの喜劇は人間性を目覚めさせる。人間の心を真っ直ぐにさせる。

その彼は、単にスクリーンだけの存在ではなかった。貧しい弱者の立場に立って社会の矛盾を指摘し、権力の弾圧を恐れず威圧的な政治家に対して自由と人間の尊厳をはっきりと主張した。成功した後も休まずに、身体が動かなくなる間際まで作品を世に出し続けた。

盲目の少女への愛を描いた『街の灯』、老いた芸人の心の寂しさと若いバレリーナへの愛情をうたう『ライムライト』、そして反ファシズムの傑作『独裁者』など、ファン一人一人が自分だけの宝物のようなチャップリン作品を胸に秘めているだろう。

しかし、映画史上初めての喜劇と悲劇の融合作品と言われる『キッド』の撮影からすでに100年がたち、『独裁者』の撮影からも80年が経過した。彼の死からも半世紀近くなろうとしている。映画は今も上映されるし、いま観てもそのつど新しさを感じさせるが、さすがに年月がたった。彼がどんな人だったのか、さまざまな本が出ているし、本人が書いた詳しい伝記もあるものの、実像は遠ざかる。

ところが、2016年4月、チャップリンが亡くなるまでの25年間、晩年を過ごしたスイスの邸宅が「チャップリンズ・ワールド（チャップリンの世界）」の名で一般に公開された。チャップリンの博物館である。邸宅に入れば彼の生活を追体験できる。彼の作品を展示するスタジオも敷地に完成した。チャップリンが一挙に身近に迫った。

そう思って現地に2度にわたって足を運んだ。四半世紀にわたってチャップリンが暮らしただけに、邸内を歩きまわれば彼の実生活を体感できる。彼が愛した村やワイナリー、彼が通ったレストランなども訪れると、チャップリンといっしょに散歩しているような気にもなれた。

さらに、すぐ近くには『ローマの休日』で世界を魅了した、オードリー・ヘプバーンが晩年を暮らした家がある。チャップリンとヘプバーンは思いがけない縁でつながっていた。

二人を引き付けたスイスの風土とともに、あなたをチャップリンの世界に案内しよう。

目次

第1章　日本との縁

チャップリンと日本との縁は、驚くほど深い。

チャップリンの笑いや風刺が日本人好みなのか、世界でもとりわけ日本にはチャップリンのファンが多い。そしてチャップリン自身も日本文化に関心が高く、造詣《ぞうけい》も深かった。さらにハリウッド時代、彼の秘書をはじめコックから庭師まで、チャップリン邸の使用人がすべて日本人だったときもある。トレードマークのステッキは日本製だし、おまけに思いがけないエピソードまである。

チャップリン暗殺計画

チャップリンは日本を4回も訪れた。最初が1932（昭和7）年5月14日だ。その翌日に起きたのが、青年将校が武装決起して犬養毅《いぬかいつよし》首相らを殺害した「5・15事件」である。チャップリンも事件に巻き込まれた……どころではない。このとき反乱軍の青年将校らは、首相だけでなくチャップリンも殺そうとした。

盲目の花売りの少女と浮浪者の愛を描いた名作『街の灯』が1931年に封切られたあと、

チャップリンは「燃えつき症候群」に陥った。ロンドンの下町の舞台芸人からアメリカの映画俳優となり世界的な名声を得るまでひたすら駆け抜け、疲れ切ったのだ。

このさい心機一転しようと計画したのが船旅による世界一周旅行だ。それまで映画の制作に没頭してろくに休みをとったことがなかった。その分、たっぷり時間をかけて身体を休め、同時に知識を吸収しようとしたのだ。旅は1年5ヵ月の長さに及び、最終経由地が日本である。

2月にニューヨークを出港するさいチャップリンが日本人記者に答えたインタビュー記事が、日本の新聞に大きく掲載された。最終的に日本を訪問して歌舞伎を研究したいという。ここから日本人の間にブームのようにチャップリン訪日への期待が膨らんだ。

チャップリンは大西洋をわたって故国の英国をはじめドイツ、フランス、スペイン、スイスなど、さらには北アフリカまで足を伸ばした。丸1年かけて気長にヨーロッパを見て回ったのだ。このあとイタリアから日本の諏訪丸に乗った。スエズ運河をわたりシンガポールに到着したのが1932年3月27日である。

そのころ、日本では青年将校がひそかに不穏な動きをしていた。海軍の古賀清志《きよし》中尉が中心となって海軍、陸軍の若手将校を誘い、政府首脳を暗殺するテロ計画に走りだした。後の軍法会議での証言によると、3月31日には議会など6ヵ所を襲撃する第1次実行計画を策定した。さらに計画を練っていたところ、4月24日の「時事新報」にチャップリン訪日のニュースが載った。チャップリンは東京に来た翌日に首相官邸で犬養毅首相と面会するという。

これを見た古賀海軍中尉は、チャップリン暗殺を計画に組み入れた。襲撃の目標を議会でなく、首相官邸で行われるであろうチャップリンの歓迎会に変えたのだ。「新聞紙上に五月十五日首相官邸に於てチャップリン歓迎会が催されることを知り、その時はたぶん同官邸に多数の支配階級が集まるだろうから集団攻撃としては最も適当だと考え、又これで日米関係を困難にして人心の動揺をおこし、その後の革命進展を速やかにすることができると考えた」との内容を古賀は事件後、取り調べで述べている。首相を殺害するだけでも大変な事件だが、さらにチャップリンを殺して国際問題に発展させ、果ては日米の戦争まで引き起こそうとしたのだ。

5・15事件の渦中へ

しかし、日本への途上、チャップリンは熱病にかかってシンガポールで寝込んでしまった。チャップリンが入院したというニュースも日本の新聞に発表された。このため、青年将校の標的からチャップリンはいったんはずれた。ところが、チャップリンの容態はすぐに回復し、船もまた順調に東シナ海を航海して当初の予定通りに日本に到着することになった。せっかく回避した危機に、再び飛び込むことになった。

「チャップリン　けふ日本へ向ふ」の見出しの記事が載ったのは5月7日の東京朝日新聞だ。5月6日朝6時シンガポールを出航した照國丸《てるくにまる》で日本に向かった。ここからチャップリンの足取りは逐一、新聞紙上で伝えられた。10日の新聞には「喜劇王　けふ香港着」、11日は「喜劇王香港着　美人秘書も同伴して　神戸着は14日朝」の記事が載った。香港でチャップリンを迎えたのは50人ほどで、日本人ばかりだった。「映画人に対しすこぶる冷淡な香港のファンは一向姿を見せず」と書いている。

美人秘書とはチャップリンがシンガポールで雇った秘書で、船内でチャップリンが語る世界一周の旅行記をタイプライターに打ち原稿にする役目だ。この記事には、船が14日午前10時に神戸に着き、チャップリンは正午の特急つばめで東京に向かうことが予告されている。

11日には「トーキー反対の僕だ　香港で喜劇王　本社記者と朗かに語る」という見出しの大きな囲み記事が載った。日本に行く理由を記者から問われたチャップリンは「要するにただ『アイ・ラブ・ジャパン』の一語に尽きる」と答えている。14日の新聞の社会面トップは、帽子を取りステッキを立てて微笑むチャップリンの写真をつけた記事で、「喜劇王けさ上陸」の見出しだ。歓迎本部が立ち上がり、上陸後のスケジュールが決まった。

午前8時に神戸港に着き、午後0時29分発の特急つばめに乗り、午後9時20分に東京に着いたあとは「二重橋前で宮城《きゅうじょう》を遥拝《ようはい》、帝国ホテルへ。しかし、ご機嫌本位の彼のことであるから或《あるい》はどんなに予定が狂ふか分らぬ」と記事にある。鉄道省の観光局はチャップリンの人気に便乗し、『チャップリンのいる日本の風景』という何巻かの映画を撮って日本の美を欧米で宣伝しようともくろんだ。

記事の中で「宮城を遥拝」とあるのには、首をかしげたくなる。チャップリンは王室や貴族など権威が嫌いで、英国皇太子の招待も断っている。当時の日本では国民が皇居に向けて頭を下げるのが習慣だったが、英国人のチャップリンが自らそれを望むはずはない。

これを演出したのはチャップリンの秘書で日本人の高野虎一《こうのとらいち》だった。彼は知人の軍人を通じて、チャップリンが右翼に襲われる恐れがあると小耳にはさんだ。東京にやって来たチャップリンが真っ先に皇居に深々と礼をすれば、右翼に受けが良くなると考えたようだ。

東京駅を埋めた4万人

こうした中、13日には古賀海軍中尉ら青年将校が最終的な反乱計画を決定した。15日午後5時半を期して首相官邸、内大臣官邸、立憲政友会本部さらに警視庁を襲撃し三菱銀行に爆弾を投げ、変電所を襲って東京を暗黒化する。混乱のうちに戒厳令が出されざるをえない状況にして軍閥内閣を組織し、国家改造を行う……という内容だ。

14日に船が神戸港に着くと、船の上を飛行機が旋回して歓迎のビラを撒いた。桟橋では数千人の群衆が歓声で迎えた。列車に乗ると、駅に停車するたびにホームは「綺羅星《きらぼし》のように美しい少女で満員」になっていた。着物姿の女性は「まるでフラワーショーを見ているようだった」と自伝に書いている。

チャップリンは予定通り、テロの前夜に東京駅に降り立った。警備のために動員された警官は350人。しかし、世界的な喜劇の王様を迎えた人々の数は警察の予想をはるかに上回った。列車が到着するホームはもちろん、駅の構内から駅の外に至るまで熱狂的なファンで埋め尽くされた。出迎えた人々の数はなんと4万人にのぼった。そのときの模様は翌日の新聞に詳しい。

チャップリン敗れたり
希望を裏切る暴風的歓迎に
喜劇王苦難の東京入り
熱狂の渦巻きの中を
もみくちやになつてホテルへ
寫眞説明
歌舞伎が見たい!
チャップリンと語る

チャップリンの初来日を伝える
1932年5月15日の東京朝日新聞

15日の東京朝日新聞は、2面の大半と3面のすべてをチャップリン特集にあてた。破格の扱いだ。2面は「チャップリン敗れたり　希望を裏切る暴風的歓迎に　喜劇王苦難の東京入り」の大きな5段見出しのもと、東京駅の出口を埋めた群衆など大ぶりの写真が3枚。チャップリンは2人の警官と3人の駅員に「拘束でもするようにつかまれ」て列車を降り、「無数の万歳の叫びと混乱」の中、群衆をかき分けながら駅の外に出た。ホームや通路には「踏み砕かれた花輪と、無数の片方の履物」が残った。同行したチャップリンの兄のシドニーは群衆に押されて転び、あやうく踏み殺されるところだったという。記事のそばにはもみくちゃになるチャップリンの姿が6コマの漫画で描かれている。

ようやく自動車で駅を出発し、途中で秘書に言われるまま、訳も分からずに車を降りて皇居に向けて一礼した。宿泊所の帝国ホテルは玄関正面に「WELCOME」と書いた提灯七つを飾った。ここにも夕方からファンが待ち構え、警官60人が警備していた。午後9時40分にチャップリンが着くと、ファンは彼をめがけて押し寄せた。人波に押されて2階のドアのガラスが砕けた。チャップリンは「身動きもならぬ中を押されるようにして」スイート・ルームの190号室に入った。40分後には2階のバルコニーに出て、ホテル前の道路を埋めたファンに手を振った。記者会見で、日本でしたいことを問われて「歌舞伎を見たい。それもゆっくり。だが、僕に日本の古典芸術が分かるかどうか不安です」と答えている。

一方、3面は全ページを使って「ようこそ！　チャーリー」の歓迎特集だ。「笑のナポレオンよ　日本人は君を解す」の大見出しのもと、ハリウッドの日本人俳優である早川雪洲《せっしゅう》らの談話、チャップリンの人柄や作品を紹介した。作家で映画雑誌『キネマ旬報』の創刊にも携わった近藤経一《けいいち》氏は、ハリウッドでチャップリンに会った印象を書いている。「香水の香りを猛烈に漂わせ」ていたのと「いつも鼻唄を歌っていた」こと、ほんのちょっとしたシーンを1日がかりで30通りも撮り、そこから選ぶ根気良さに感心した、と言う。

この日の新聞の広告欄には、森永製菓が販売した特製の「チャップリン歓迎森永ミルクチョコレート」が写真入りで出ている。チャップリンの似顔絵のわきに「WELCOME Charlie Chaplin」と書かれたチョコレート・バーを1個10銭で売り出した。「偉大なる芸術家チャップリン氏とそのファン諸賢に捧ぐる……この　チョコレート」と書いてある。同じ欄に明治ミルクキャラメルの広告も載っている。帽子をかぶったチャップリンの立ち姿をあしらった箱に、チャップリンの似顔絵を景品として入れた。

首相と会うより相撲見物

運命の5月15日の朝、犬養首相の息子で首相秘書官の犬養健《たける》氏が、打ち合わせのため帝国ホテルにやって来た。予定通り、この日の夜に首相官邸でチャップリンの歓迎会をするので出て欲しいと要請した。チャップリンは機嫌よく快諾した。そのままなら、チャップリンは首相といっしょに殺されていただろう。

ところがチャップリンは話の途中で突然、「相撲を見に行きたい」と言いだした。首相への表敬訪問よりも趣味を優先するところが、いかにもチャップリンらしい。普通ならあきれるだろうが、彼の気まぐれは誰もが知っていた。犬養秘書官もすぐに了承し、首相との会見は17日に変更された。こうしてチャップリンは運よく青年将校の標的からはずれることになった。権威にとらわれない性格が自分の命を救ったのだ。

両国の国技館を訪れたチャップリンは大関4人と記念撮影をしたあと、3階の貴賓席に座った。中入り後の土俵を見ながら、一勝負ごとに「アウイー」という野獣のような叫び声をあげ、手をたたいて熱心に見物した。相撲のあとは歌舞伎を見ようと歌舞伎座に向かったが、チャップリンに気づいた人々が周りを取り囲んだために大渋滞になった。パニックを避けるため歌舞伎見物をあきらめて帝国ホテルに戻ったのが5時半だ。

首相官邸を海軍将校ら9人が襲ったのが、まさにその時間だった。青年将校らは邸内の食堂で犬養首相を見つけた。首相が「話せばわかる」と客間に招き入れたが、山岸宏海軍中尉の「問答無用、撃て」の叫びで銃が発射され、犬養首相の頭に2発が命中した。首相はしばらく息があり「今の若い者を呼んで来い、よく話して聞かせる」と語る元気があったが、深夜になってついに息を引き取った。

チャップリンはそんなこととは知らず、銀座のカフェーで「里子」という女給と飲んでいた。午前0時を過ぎてホテルに帰り、詰めかけていた新聞記者たちの口から初めてテロを知る。事件へのコメントを求められて「ぼくの到着と同時にこんな不祥事件の起こったことは、お国のために同情に堪えません。犬養首相にはお気の毒で、お言葉の申し上げようがありません」と答えた、と報知新聞は伝えた。

とはいえ、予定通りにチャップリンが首相官邸を訪ねていたらチャップリンも銃撃されて殺されていたかもしれない。いや、チャップリンが行けば新聞記者や通りを埋めるほどのファンが押し掛けて警備が厳重になり、青年将校たちは官邸に入れなかったかもしれない。この日の朝、チャップリンが心変わりしなかったら、歴史は変わっていただろう。

ともあれ当夜、事件を知ったチャップリンは「明日中に帰国する」と言いだした。日本に着いたばかりなのに、さすがに気を悪くしたのだ。右翼がこんどは自分を襲撃するかもしれないと、頭にちらついたのかもしれない。秘書の高野がしきりになだめた。興奮してしばらく眠れなかったのか、翌日起きたのは昼過ぎだ。事件を伝える新聞を眺めながら、しばらく帰国を口にしていた。しかし、食事を考えると気を取り直して「テンプラ、テンプラ」と言いだした。銀座のてんぷら屋「天金《てんきん》」に車で乗り付け、エビのてんぷらをたらふく食べた。

腹がふくれたせいか上機嫌になって上野の美術館に行き、浮世絵展を観た。展覧会場の入り口で靴を脱ごうとしたのは、その前に「天金」の座敷に上がったときに日本の習慣を学んだからだ。同行した兄シドニーに北斎の絵を解説しながら「日本の美術は固有の物と、フランス伝来の物と二つある。これは純日本式……日本では東西の二つが入り乱れている。あたかも東京の外観のようだ。一見ごたごたしているが、しかし、そのため一つ一つ観ると面白い」と説明した。

その夜は歌舞伎座に行き、念願の歌舞伎を見た。6代目尾上菊五郎《おのえきくごろう》の「茨木《いばらき》」と初世中村吉右衛門《きちえもん》の「忠臣蔵」を観て、吉右衛門とは二人で並んだ記念写真を撮っている。歌舞伎を観た感想を自伝にこう書いている。「われわれ西欧人が剣で立ち回りを演じるときには、どうしてもある種の馬鹿《ばか》げた雰囲気が生まれてしまう。……一方、日本人は、はなからリアリズムのふりなどしない。……それぞれが自分の立ち位置で跳《ジャンプ》ねたり、踊《ダンス》ったり、つま先旋回《ピルエット》したりするのだ。それはまるでバレエのようだ。闘いは印象主義のもとに演じられる」。

てんぷら男

翌17日、チャップリンは首相官邸を弔問に訪れた。午後はホテルでレコードを聴いて静かに過ごし、夕方になると松竹の社長の招待会に呼ばれた。座敷でしびれた足を引きずりながら床の間にあった兜をかぶり刀を持ち、歌舞伎の見栄を切る真似をしている。このあたりで完全に気を取り直したようだ。同行した兄にてんぷらのおいしい食べ方を解説している。

その後は茶道、能、箱根の温泉など楽しみ、東京最後の日の6月2日に再び首相官邸を訪問した。殺された犬養首相に代わって首相となった斎藤実《まこと》首相にあいさつし、とくに願って犬養首相が殺害された客間に案内してもらった。板戸の弾痕を見て「テリブル、テリブル（恐ろしい）」とつぶやき、和室に入る時は「靴で入っては済まない」と靴を脱いで入った。血の飛び散った現場をじっと眺め、「犬養首相はなぜ逃げなかったのか？」と質問した。案内役が「武士道です」と答えると、チャップリンは首を左右に振り「ワンダフル、ワンダフル」とつぶやいたが、了解した様子ではなかったという。

1週間の予定だった日本滞在は20日間に及んだ。特筆すべきは「てんぷら」だ。よほど気に入ったようで、毎日のように食べた。日本橋の「花長《はなちよう》」では1回に「エビのてんぷらを30本、キスのてんぷらを4本」食べたとして新聞に「てんぷら男」と書かれた。これについて筆者が「花長」に問い合わせると、店の記録では、エビは36本となっていた。チャップリンがあまりにてんぷら好きなのを聞き、帰国のさいに乗った氷川丸《ひかわまる》ではコックをわざわざ「花長」で修業させ、船内では連日、60匹のエビのてんぷらを出したという。これだけ食べさせられると、いくら好物でもさすがに嫌になったのではないだろうか。

横浜で氷川丸に乗船するタラップでは、東京で買ったカンカン帽を振りながら埠頭を埋めた見送りの市民に応えた。人波の中に犬養首相の息子の犬養健秘書官がいたのを目ざとく見つけると、船室に招き入れて長いお悔やみの言葉を述べた。律義な性格がここに表れている。

2度目は2・26事件

チャップリンの2度目の来日も血なまぐさい日々だった。4年後の1936年2月にまたも青年将校が反乱事件を起こしたのが2・26事件だ。勃発からわずか9日後の3月6日、チャップリンは米サンフランシスコから船で横浜に着いた。事件を知ったのは、途中に立ち寄ったハワイである。殺害された斎藤実・内大臣は、5・15事件で亡くなった犬養首相のあとで首相となり、チャップリンが弔問に訪れてお悔やみを言った相手だ。さすがに衝撃だったろう。

この旅は『モダン・タイムス』の相手役ポーレット・ゴダードと、彼女の母親もいっしょだ。『モダン・タイムス』が共産主義的だという批判が出たことに嫌気がさして旅に出た。ハワイに行くつもりでロサンゼルスから船に乗ったが、サンフランシスコの倉庫に「中国」と言う文字が書かれているのを見て、アジアを目指した。ここでも、思い立ったらすぐに行動する気まぐれが顔を出した。

帝国ホテルで待ち構えた記者に「ハネムーンですか?」と聞かれたチャップリンは「とんで

もない。漫遊ですよ」と答えた。続いて「てんぷらは？」と聞かれて「これから日本橋の花長へ行ってうんと食べましょう」と話している。2・26事件について聞かれると「殺された斎藤さんは先に来たとき大変歓迎して下さり……またお会いできると思って喜んでいましたのに……斎藤さんもお気の毒をしたものだ」とショックを語った。『チャップリンが日本を走った』（千葉伸夫著、青蛙房）にそう記されている。

翌日の東京朝日新聞は「チャップリンが来た　ゴダードと喃喃《なんなん》の新婚旅行　けさお忍びで入京」という大きな記事を出した。チャップリンがゴダードといっしょにてんぷらを食べている大きな写真が添えてある。油除けのエプロンを首からかけ、左手で器用に箸を使って揚げたてのてんぷらを取ろうとしている。すっかり「てんぷら男」のイメージが根づいてしまった。

上野の美術館で帝展を見たあと、歌舞伎座で市村羽左衛門《うざえもん》の「仮名手本忠臣蔵」を見物した。歌舞伎の回り舞台の仕掛けに感心しつつ、涙を流しながら切腹の場面を見て「実に印象的だが、残酷だ」と眉にしわを寄せてチェッと舌打ちをした。幕間に楽屋を訪れ、羽左衛門に「君は僕を泣かしたよ」と目に手を当てて泣く真似をしてみせた。色紙に「世界一の名優羽左衛門さんへ」と書きサインして贈った。

そのまま東京駅から列車に乗り、翌7日の昼前に神戸に着いた。案内を断って自分の足でのんびりと市内を歩き回ったあと、横浜から神戸に回航していた船に乗った。船で待ち構えていたのが、後に映画評論家となった淀川長治《ながはる》氏だ。チャップリンが俳優仲間といっしょに設立したユナイテッド・アーティスツ社の大阪支社の社員で『モダン・タイムス』の宣伝担当だった。淀川氏は「私は正面からこの人を見た。それは西洋人というよりも『人間』という感じだった」と著書『私のチャップリン』（ちくま文庫）に書いている。国籍にとらわれない国際主義者で「世界市民」を自称していたチャップリン。その考え方が風貌に出たのだろう。

神戸を出航した船は香港に向かった。さらに東南アジアをまわるのだが、このとき中国の広東でゴダードと結婚したと、チャップリンは何年もたったあとで記している。

3度目は阿部定事件

アジアをまわったあと、シンガポールから鹿島丸《かしままる》に乗って日本に戻った。3度目の訪日だ。5月16日、船は神戸港に着いた。このとき同じ乗船客に、アジア旅行中のフランスの詩人ジャン・コクトーがいた。「私の耳は貝の殻　海の響きを懐かしむ」（堀口大學訳）の作者である。チャップリンとコクトーは船内で意気投合している。言葉はわからなかったが、ジェスチャーで通じた。チャップリンはこのとき神戸港から車で京都に向かい、老舗の柊《ひいらぎ》屋《や》旅館に投宿した。鴨川おどりを見物し、17日は清水寺や金閣を見た。西陣で絹のガウンを記念にプレゼントされ、その後長く自宅で愛用した。列車に乗ってその夜は岐阜に降り、鵜飼を見物して日本的なのどかな情景に感激している。

翌18日に特急列車で名古屋から東京に向かったが、この日未明に東京で起きたのが「阿部《あべ》定《さだ》」事件だ。料理店の仲居《なかい》だった阿部定が都内の旅館で愛人の男性の首を絞めて殺し、包丁で彼の性器を切り取って逃げた。あまりにも猟奇的な殺人事件だけに翌日から新聞はでかでかと書きたてた。19日にチャップリンは再び国技館で相撲を見物している。

20日の新聞の社会面は「妖婦〝血文字の定〟紅灯街の猟奇殺人」という見出しがトップに躍り、阿部定の記事が半分を占める。チャップリンとコクトーの相撲見物もかなり大きく扱っている。この日に阿部定が逮捕されると号外まで出た。

それにしても、チャップリンの最初の来日が5・15事件に遭遇し、2度目が2・26事件そして3度目が阿部定事件と重なった。日本がさぞ暴力的で野蛮な国のように思えそうだが、チャップリンの日本の印象はとても良かった。「日本での経験がすべて謎めいて不愉快なものだったわけではない。大部分においては、とても楽しいときを過ごすことができた」と自伝に書いている。「歌舞伎は、わたしの予想を上回る面白さだった」とも。

自伝は続いて「日本がどれほど長く西欧文明のウィルスに感染せずにいられるかは未知数だ。日本文化の傑出した特徴となっている、日々の暮らしにおける素朴な瞬間を楽しむ風習が、西欧的な企業のスモッグの中に消えて行くのは避けられない運命であるように思われる」と指摘した。

チャップリンの危惧は当たった。次に彼が訪日したとき、すでに日本はチャップリンの頭にあった日本ではなくなっていた。

美しい日本への憧れ

1961年7月18日にチャップリンは4度目にして最後の、そして初めて飛行機で来日した。4番目で最後の結婚相手であるウーナ夫人と2人の子を連れて。羽田空港で「ぼくは歌舞伎、鵜飼、相撲、文楽の四つを見物するためにやってきた。あわせて美しい日本を妻と子どもに見せに来た。そしててんぷらを食べに来た」と記者団に語って、笑わせた。

しかし、車で都心に入るにつれてみるみる機嫌が悪くなった。高層ビルを見て「あれは文明ではない」と強い口調で話し、着物の美しさを妻に見せようと車中から探したが、着物姿で歩く女性がまったく見当たらない。帝国ホテルの部屋に入るとエアコンが利いているのを怒って止めさせた。それでも冷風が完全には止まらないため、エアコンをバスタオルで包ませた。

鵜飼を見物するため思い出にある岐阜県の長良川に行ったが、以前の幽玄な趣はない。「昔の鵜匠は芸術家だったが、今は芸人が安っぽい曲芸をしているにすぎない」と嘆いた。ようやく落ち着いたのは京都だ。案内役となった日本交通公社の与倉《よくら》正明氏が見聞きしたチャップリンの「日本の休日」が、7月27日の朝日新聞に大きく載っている。南禅寺で小堀遠州《こぼりえんしゅう》の庭園を見て、夕立にけむる東山の空を指さし「ごらん、日本という国は雨も雲もこんなに美しい」とつぶやいた。竜安寺の茶室でお茶を飲んでようやくくつろいだ。お茶を出す女性の立ち居振る舞いを見て「優雅だ。そう思わないか、バレエだ」と同行した友人に語った。

与倉氏は「古くて美しい日本に憧れるのは、チャップリンが自分の全盛時代の面影をそこに見るからである。懐かしい日本は、懐かしい自分の姿でもあった」と述懐している。

チャップリンはその後、もう日本を訪問しようとはしなかった。

使用人はすべて日本人

こうしてみると、チャップリンは日本となにか特別な縁で結ばれているようにも思える。偶然が重なっただけではない。全盛時代にハリウッドで暮らすチャップリンの周辺は日本人だらけだった。

中でもチャップリンの秘書を16年にわたって務めたのが高野虎一だ。その前の運転手時代から言えば、18年もチャップリンと行動を共にした。チャップリンの絶大な信頼を得て、身の回りの世話から仕事の調整、財産の管理、護衛まで一手に引き受け、チャップリン映画に出演したこともある。チャップリンは親しみを込めて、彼を「コーノ」と呼んでいた。

高野は広島県の裕福な家の出身だ。旧家の堅苦しさが嫌で、15歳になったばかりで単身、船に乗ってアメリカに向かった。生まれた村からアメリカ移民が多数出ているという事情があるにせよ、たいした度胸だ。西海岸のシアトルに着くと、荷物運びから始め、やがて日本人が経営する雑貨店の店員となった。

故郷の親が亡くなって土地や家を相続するとすぐにすべてを売り払い、飛行機のパイロットになろうと飛行学校に入り飛行免許もとった。この時代、太平洋横断に挑戦するパイロットがもてはやされるなど飛行ブームがあった。その流れの中で高野も飛行家に夢を抱いた。しかし、高野が乗っていた飛行機が事故を起こしたこともあり、空の夢をあきらめて自動車に目を向けた。

アメリカ人興行師の運転手など転々としたあと、この興行師からチャップリンが運転手を募集していることを聞き、チャップリンを訪ねたのは1916（大正5）年だ。チャップリンは彼を一目見たあと「君は運転ができるのか？　僕はできないんだ。君はかっこいいね」と言い、簡単な路上運転のテストだけで、すぐに彼を運転手として雇った。それだけ高野の態度にチャップリンを納得させるものがあったのだろう。

当時のアメリカでは日系人の排斥や差別が露骨だった。白人の仕事を黄色人種が奪っているという黄禍論《おうかろん》が渦巻き、1907年には日本人移民が制限された。そうした風潮にもかかわらず日本人に偏見を持たなかったチャップリンも立派というべきだ。

働きぶりが評価され、高野は運転手から秘書に昇格した。高野の妻もチャップリン家の料理人として雇われた。さらに新しい運転手、庭師など、1926年にはチャップリン家の使用人17人がすべて日本人となった。当時のチャップリンの妻リタ・グレイは「日本人の中で暮らしているようだった」と語った。

高野がチャップリンのもとを離れたのは1934年。チャップリンの3人目の妻ポーレット・ゴダードの金遣いの荒さを指摘し、彼女と衝突したためだ。チャップリンは長年の秘書よりも美しい新妻を選んだ。とはいえ喧嘩別れではなく、膨大な退職金とユナイテッド・アーティスツ日本支社長の職を与えている。

高野はその後、日本での事業に失敗し、再度アメリカにわたったが日米開戦の1941年、スパイの容疑をかけられて逮捕され、戦時中は日系人向けの強制収容所に入れられた。容疑が事実無根だったことは後に証明された。日本が敵国となった時代だけに、日本人はだれかれとなくスパイの嫌疑をかけられたのだ。

戦後、日本に帰国し広島に住んでいたさいにチャップリンが4度目の来日をした。周囲の人々はチャップリンに会うよう高野に勧めたが、彼は強いて会おうとしなかった。周囲の証言では「自分はチャップリンにとって過去の人だから」と涙をこらえながら泣いていたという。

化粧まわしのチャップリン

チャップリンは1977年に亡くなったが、その40年後の2017年、大相撲の土俵にチャップリンの顔が登場した。映画『街の灯』のラストシーンに登場する、チャップリンが一輪の花を口にくわえて微笑む写真だ。なんと化粧まわしに描かれていた。化粧まわしをつけたのはこのとき新大関に昇進した高安《たかやす》だ。チャップリンの写真のわきに「高安」の文字があり、下には「野火止《のびとめ》クリニック」と書いてある。当時の夕刊フジが、そのいきさつを次のように伝えた。

高安にこの化粧まわしを贈ったのは、埼玉県新座市の医療法人・野火止クリニックの増渕《ますぶち》和男理事長だった。高安が東前頭筆頭に昇進した2013年のことだ。増渕氏は取材に「あの化粧まわしには、チャップリンのような人になってほしいという先代師匠の思いが込められています」と答えた。先代師匠である元横綱の隆《たか》の里《さと》は増渕氏に「高安に化粧まわしを贈ってほしい。絵柄はチャップリンを」と言ったという。

驚いた増渕氏が理由を聞くと、師匠は「チャップリンは喜劇俳優です。おどけたコメディアンのように思われていますが、ガンジーとも親交があった。平和を愛する優しい人でした。『人生は恐れなければ、素晴らしいものなんだ。人生に必要なものは勇気、想像力、そして少しのお金だ』という名言を残しています。そんな彼の生き方に、感銘を受けた」「高安の相撲で、人に勇気と感動を与えたい。彼の取り組みによって、落ち込んで立ち上がれない人を勇気づけることができれば……」と語ったという。元横綱はチャップリンを俳優としてだけでなく、人間として高く評価していたのだ。

とりわけ『街の灯』のチャップリンの表情を採用したのは「勇気だけでなく、優しさを持った人間的に優れた人になってほしいという願いです」と言う。色を紫色にしたのも師匠の案で、「人目を引くもの、『これ、何でだろう?』と考えるものにしたい」という発想だという。

もらった高安は「すぐにチャップリンとわかったんですけど、理由までは想像できませんでした。そのとき親方に『チャップリンは映画で色々な人に感動を与えたり、落ち込んでいる人に勇気を与えてくれる。チャップリンのように強さと優しさをもった力士に育って欲しい』と言われた」と話している。高安もしっかりと受け止めた。

死してなお日本の私たちを感動させるチャップリンだが、彼が愛した相撲に自身の顔がこのような形で遺されるとは予想もしなかっただろう。

第2章　悲惨な生い立ち

チャップリン終焉の地

チャップリンとは、どんな人だったのか。彼の作品の何が人々の心を打つのか。それを知る手がかりとなり、彼の人生や作品などを身近に触れて体感できる施設が生まれた。「はじめに」でも紹介したように2016年4月、スイスに開館した「チャップリンズ・ワールド（チャップリンの世界）」だ。チャップリンが1977年に亡くなるまで晩年の25年間を過ごしたチャップリン邸「マノワール・ド・バン」を公開し、博物館の機能をもたせた。チャップリンが生きていた当時をそのまま残したため、彼の生前の生活をかいま見ることができる。館内には彼の作品やゆかりの品々を豊富に展示している。

この博物館を訪れてみよう。東京の富士国際旅行社を通じて同行者を募ると、2018年には17人、2019年には12人が全国から応じてくれた。いずれもチャップリンの映画に強烈な魅力を感じた人たちだ。飛行機でまずはジュネーブに飛ぼう。成田空港からだと、パリやフランクフルトなどで乗り継ぐと16時間ほどかかる。もっとも時差が7時間あるから、日本を昼前に出発すると、その日の夜には現地に到着できる。

とはいえ長時間だ。到着まで、チャップリンについて予習しよう。この旅のためにチャップリン関係の書物25冊を手に入れて読んだが、このうち今、手軽に入手できるのは『チャップリン自伝』（中里京子訳、新潮文庫）だ。「若き日々」と「栄光と波瀾の日々」の2巻あるが、文庫本だし訳もいいので読みやすい。本人が書いただけに正確だし、読みながら彼の少年時代の苦労を追体験できる。この時代があったから、その後の彼があったのだと納得する。

客観的な入門書を1冊だけというなら『チャップリン――作品とその生涯』（中公文庫）がある。著者の大野裕之《ひろゆき》氏は、若くして日本チャップリン協会の会長を務める世界的なチャップリン研究家だ。精力的かつ精緻な研究の成果をわかりやすく伝えており、お勧めだ。

ジュネーブ国際空港に降りて、いきなり博物館に直行するよりも、チャップリンゆかりの地に立ち寄り、彼の晩年の思いや生活を体感しながら行こう。

そもそも英国に生まれアメリカで活躍したチャップリンがなぜ、終《つい》の棲処《すみか》にスイスを選んだのだろうか。チャップリンの自伝を読むと、友人から勧められたのがきっかけだと書いている。故郷のロンドンに住みたかったが、霧の都の気候が子どもたちに合うとは思えない。アメリカを追放されたばかりで預金の引き出しができなくなるかもしれないという心配があった……という理由を挙げている。つまり銀行制度がしっかりして財産管理ができ、住環境の良いスイスを選んだということだ。

もちろん、それだけではないだろう。スイスは永世中立国だし、ジュネーブには国連欧州本部がある。チャップリンは常々「私は世界市民だ」と言っていただけに、肌が合いそうだ。『人間不平等起源論』を書いて人間の平等を訴えたジャン・ジャック・ルソーが生まれた地でもある。ローザンヌにはスポーツを通じて世界平和を訴える国際オリンピック委員会の本部がある。こうしたことも、チャップリンをスイスに向かわせた理由に含まれるだろう。

三つの太陽

ジュネーブから車に乗って、右手に真っ青なレマン湖を見ながら東へ1時間ほど走るとラヴォー地区だ。湖に面した丘の急な斜面は、目の覚めるような緑色である。見渡す限りワイン用のブドウ畑だ。ブドウの低木が雛壇《ひなだん》のような段々畑に、きれいに整列して植えられている。段々畑の土止めは古い石垣で、その精緻な石組は2007年にユネスコの世界遺産に登録された。ラヴォー地区のブドウ畑の広さは830ヘクタールもある。石垣の総延長は400キロメートル、畑は1万を超し、160のワインメーカーがある。車を降りてブドウ畑を両側に見ながら「ワイン街道」と呼ばれる散歩道を歩こう。湖と空の青、ブドウの緑が陽光に照らされてまばゆい。

スイスでワイン？　そう聞いて驚く人もいるだろう。実は、スイスは知られざるワイン生産国だ。とはいえ生産量がきわめて少なく、国外にあまり出回らない。だから日本ではなかなかお目にかかれない。しかし、飲めば質の良さがわかる。秘かな名品なのだ。

3億年前の砂岩を主体とした土壌を基盤に、氷河期に形成された地形が太陽の恵みを受けやすい天然のテラスとなった。ここには三つの太陽があると言われる。本物の太陽とレマン湖の反射光と石垣が蓄える輻射熱《ふくしゃ》だ。年間の平均気温は10度だが、冬はマイナス7度に落ち、夏は25度以上の気温が1、2ヵ月続く。ブドウ栽培に適しているのだ。主に作られているのは、このあたりが原産で白ワインになるシャスラ種だ。量が少なくフルーティーで美味しいため「幻の白ワイン」と呼ばれる。

この地区のワイン作りの歴史はローマ帝国時代までさかのぼるが、今の畑の基盤が築かれたのは12世紀だ。カトリックのシトー修道会の修道士たちが、根気強く畑を整地してワインの生産を始めた。キリスト教のミサに必要だったのだ。500年前の宗教改革の波をかぶってカトリック勢力がフランスに撤退したあとは、畑で雇われていたスイス人の農民が後を継いで耕し、フランス系の市民がワイナリーを発展させた。

畑の間の小路を湖の方に下ると、小さな家が密集した村がある。入り口の前に樽を置き、その上にワインのボトルとグラスを置いてアピールするワイナリーも。その一つが、チャップリンが足しげく通ったワイナリー「Clos de la Republique（クロ・ドゥ・レピュブリック＝国家のブドウ園)」だ。こちらの歴史は16世紀、1552年からで、スイスでも指折りの老舗だ。私が訪れたときは第13代のパトリック・フォンジャラさんが当主だった。ブドウ畑の広さは35ヘクタールもある。畑の3分の2は白ワイン用で、その大半がシャスラ種だ。ボトルのラベルには王制から共和制への転換を求めたフランス革命の象徴、赤い「自由の帽子」があしらわれている。パンフレットには「国家はワインの中に収まる」という格言が書かれている。

チャップリンのワイナリー

オーナーに案内してもらって酒蔵に入ると、直径が3メートルほどもある樫の木の巨大な樽が並んでいた。中央正面に鎮座する大樽の表面にはギリシャ神話の酒の神バッカスの浮き彫りがある。ワインだけでなく、貯蔵する樽も芸術品だ。「32000リットル、46000瓶」の表示も。かつてはこの樽一つだけで4万6000本のボトルにあたるワインが貯蔵されていたのだ。

酒蔵の壁には大きな写真が数枚、パネルで飾ってある。チャップリンが写っている。彼はこの醸造所のワインが好きで、何度も訪れた。1953年に初めて訪問したさいにオーナーや家族らと撮影したのが、この写真だ。樽の間からおちゃめな顔でのぞく彼の写真もある。

レマン湖畔に広がるワイン用のブドウ畑
＝チャップリンが通ったワイナリーで

レマン湖を見下ろすワイナリーの庭で、テイスティングをした。出されたボトルは3種類。レマン湖を見下ろす場所に作られた東屋に座る。12人が「コ」の字の形に向き合って乾杯できる広さだ。湖から丘陵に沿って吹き上げる風が心地よい。ほろ酔いの上気した頬を優しくなでる。見上げる空は澄み渡り、抜けるような青空だ。ここがヨーロッパの中央であることを示すように、四方から飛んできた飛行機が空に格子模様の飛行機雲を描く。

こんな場所をしばしば訪れ美味しいワインを飲んだチャップリンは幸せな気持ちに浸っただろう。チャップリンの大ファンで、ワインも大好きな東京都足立区の古里克子さんは「日本では特定のレストランでしかシャスラが出されない。レマン湖の美しい景色を見ながらシャスラを飲めるなんて最高」と大喜びだ。

ワインリストには24種ものワインが並ぶ。日本語の説明パンフレットもある。それによると、あの赤い自由の帽子のラベルのワイン「ラ・レピュブリーク・エペス」は、堅牢かつデリケートでスパイスがきいた白い果実の香りだという。ほかにもレモングラスとシナノキの花の香りの「グランクリュ・シャトー・ド・シャトラール・ラヴォー」、桃や洋ナシの香りを思わせるまろやかで生き生きとした「サント・カトリーヌ」など、名前を見ているだけでよだれが垂れ……いや、喉がゴクリと鳴りそうだ。

ワイナリーからさほど離れていないサン・サフォランにある高級レストラン「Auberge de l'Onde（オーベルジュ・ドゥ・ロンド＝さざ波の旅籠屋）」は、チャップリンが毎週日曜日に通ったという行きつけの店だ。せっかくだから、ここで昼食をとった。私たちが食べたのは牛肉のコンフィ（オイル煮）とミックス・サラダだったが、チャップリンがよく注文したのはチキンのタラゴン焼きか「カエル脚のプロヴァンス風」だったという。

この料理の名はチャップリンの自伝に出て来る。彼が初めてアメリカにわたり西海岸のカリフォルニアに着いたとき、サンフランシスコで食べたのが、これだ。「サンフランシスコは、おいしい食べ物と安い物価の都会だ。『カエル脚のプロヴァンス風』、ストロベリー・ショートケーキ、アボカドを初めて味わったのもそこである」と書いている。チャップリンにとっては、その後の輝かしい人生の起点となった記念すべき料理なのだ。

さらにスイス名物のグリュイエール・チーズ発祥地グリュイエール村のチーズ工場「La Maison du Gruyere（ラ・メゾン・デュ・グリュイエール＝グリュイエールの家）」を訪れてチーズの製造過程を見学した。入場するためのチケットは紙ではなく、３種類のチーズだ。熟成６ヵ月、８ヵ月、１０ヵ月の試食用のチーズが千円札くらいの大きさにパックされ、そのまま入場券になる。中に入ると牧場の写真を見たり草のにおいをかいだりしながら回廊をぐるりと回る。日本語のオーディオ・ガイドもある。

ガラス窓の向こうには直径２メートルを超す巨大な銅のタンクがある。牛乳を温めながらかき混ぜる。一つのタンクに入れられる牛乳は４８００リットル。混ぜながら乳酸菌を入れて発酵させ、酵素を加えて凝固させる。倉庫の床から天井までの棚に、熟成中の巨大な円盤状のチーズが並んでいた。一つのチーズだけで直径４０センチ、重さ４０キロもある。壮観だ。

「チャップリンの世界」

ここまでをチャップリン訪問の旅の前奏曲のような思いで巡った。いよいよ目指すチャップリンの博物館に行こう。

ローザンヌから列車に乗って２０分、ヴヴェイの駅に降り立った。２１２番のバスに乗って

10分余。丘を上ると、コルシエ村にある「チャップリン停留所」に着く。停留所のマークは、帽子をかぶってステッキを手に歩くチャップリンの線画だ。停留所のすぐそば、塀に囲まれた広大な敷地が「チャップリンの世界」だ。かつてチャップリンが四半世紀にわたって住んでいた邸宅で、今は博物館となった。

門を入ってすぐ左に3階建ての赤い山小屋風の建物がそびえる。建てられたときは物置だった。チャップリンが住むようになってから改造され、1階は車庫に、2階以上は邸内で働くスタッフの住居となった。秘書やマネジャー、執事、子どもの養育係2人、料理人、庭師、運転手など、多いときは13人もいた。今は博物館の事務棟だ。

その奥はこの地方の伝統的な農家を改築して作ったレストランだ。名は「The Tramp（トランプ＝浮浪者）」。チャップリンの作品の一つのタイトルであり、彼の代名詞となった「放浪紳士」を指す言葉でもある。ちなみにアメリカ大統領のトランプはTrumpで、「切り札」を意味する。日本で言うカード遊びのトランプの意味ではなく、「とっておきの手」あるいは「信頼できる立派な人」を意味する。アメリカの第45代大統領が、その名に値するとは思えないが。

レストランの向こうの建物がスタジオだ。手前の平屋はかつてのガレージで、今は土産物売り場になっている。その向こうにある入り口を入ってみよう。

最初の部屋は映写室だ。『チャップリンの勇敢』などの作品や、作品のハイライトをまとめたビデオなど10分ほど楽しむ。見終わってスクリーンが大きく開くと、そこに現れるのはチャップリンが生まれた19世紀末のロンドンの下町イースト・レーンの貧民街だ。画面に吸い込まれるような思いで入って行くと、すすけたレンガ造りの2階建てが建ち並び、八百屋の店先には野菜の山が街路に張り出し、トウガラシが軒先からぶら下がっている……。映画のセットのように当時を再現してあるのだ。

チャールズ・スペンサー・チャップリンは1889年4月16日に生まれ、このような貧民街で育った。パウナル・テラス3番地にあった彼の住処は狭い屋根裏部屋だ。チャップリンは自伝に「狭い屋根裏部屋のわが家まで、がたつく階段を上るのだった。そこは気の滅入《めい》るような部屋で、すえた汚水と古着のむかつく臭《にお》いがこもっていた」と書いている。部屋は縦横4メートルにも満たない。日本風に言えば8畳間といったところだ。チャップリンは少年時代、この部屋で母と兄とともに暮らしていた。

「部屋は、実際より狭く見え、傾斜している天井も低く感じられた。壁に押し付けられたテーブルには汚れた皿やティーカップが積み上がっている。部屋の隅には……母がペンキで白く塗った鉄製の古いベッドが置かれていた。ベッドと窓のあいだには小さな暖炉があり、ベッドの裾《すそ》側には座面を引き出すとシングルベッドになる古い肘《ひじ》掛《か》け椅子《いす》があって、兄のシドニーがふだんそこを寝場所にしていた」と自伝にある。

そのころは家賃を払えずに転居を繰り返していた。最初は3部屋あったのが2部屋となり、ついに1部屋になった。そのつど家財道具が減り、床に敷いた1枚のマットレスの上に3人でいっしょに眠ったこともある。

母から学んだパントマイム

映画のセットのようなレンガ造りの建物の前に、大きなかごを抱えた女性が立っている。チャップリンの母親ハンナの蝋人形だ。かごの中にはワイシャツや洗濯物、そして継ぎあての内職の服が入っている。

父親の人形はない。父の名もチャップリンと同名のチャールズだ。親が子に自分と同じ名前をつけるのは、よくあることだった。しかし、チャップリンは物心がついてしばらく、自分には父親がいないと思い込んでいた。チャップリンが2歳のときに両親は離婚し、チャップリンは母親の女手一つで育てられたのだ。

チャップリンの家系図が展示されている。父方は靴職人の家系で、さかのぼれば宗教革命でイギリスに亡命したフランス人だという。将軍という説もある。実際、父親のチャールズは顔がナポレオンに似ている。家系をたどるとシャトランという村に行き当たる。チャップリンをフランス語読みするとシャプランになり、この村が名前の由来だともいう。

一方、母はアイルランド人の靴屋の娘だ。父方と母方に共通するのは、両方とも祖母が「ジプシー」の血を引いていることだ。「流浪の民」と呼ばれるロマ民族である。今も昔も人種差別を受けているが、チャップリンは「ジプシー」の血を引くことを誇りに思っていた。

そこで思い当たることがある。私は学生時代に「東大『ジプシー』調査探検隊」の隊長として東欧のルーマニアや当時のユーゴスラビアを中心に調査し、ロマ民族の人々多数に会った。彼らの風貌がチャップリンによく似ている。彫りの深い顔立ちやクルクルと巻いた濃い黒髪などだ。チャップリンの詳しい伝記を書いたデイヴィッド・ロビンソンも著書『チャップリン』（宮本高晴、高田恵子訳、文藝春秋）で「チャップリンの際立った容貌、漆黒の髪、はっきりした目元の源はこの祖母にさかのぼることができるのかもしれない」と指摘している。膨大な量で上下2巻になったこの本は、チャップリンについての優れた伝記だ。

チャップリンが生まれたとき、両親ともミュージック・ホールの芸人だった。舞台の仕事を求めて渡り歩いていたのだ。のちにチャップリンは「放浪紳士」のキャラクターを自ら作り上げるが、持って生まれた血も、幼い時からの暮らしも、生まれながらにして「放浪者」だった。さらにチャップリンといえば「ドタ靴」が思い浮かぶが、父母の家系とも靴屋や靴職人だったことを思い合わせると、ここにも血筋を感じる。

母のハンナはミュージック・ホールで歌い、劇に出た。それだけでは家族を養えず、生活費を稼ぎだすためミシンを踏んで縫物の内職をした。幼いチャップリンたちも裏地を上着に縫い付ける手助けをした。そのミシンも月賦の未払いで取り上げられがちだった。金がなくなると家具や結婚指輪まで質入れした。教会の慈善無料スープをもらいにいった。このとき履く靴がなく、1足しかない靴を3人が代わる代わる履いたという。

極貧の生活のため、子におもちゃを買い与える金銭の余裕がない。母は幼いチャップリンを楽しませようと、ときおり昔の舞台衣装を着て、かつての出し物を演じて見せた。さらに窓をのぞいては道行く通行人の物まねをして子どもたちを笑わせた。

伝記でチャップリンは「もし母がいなかったら私がパントマイムで名を成していたかどうか疑わしい。ことパントマイムに関する限り、母は自分がこれまでに出会ったなかで最高の名人だった。……私は母を見、その言葉を聞くことによって、手ぶりや表情で自分の感情をどう表現したらよいかだけでなく、人間を観察し掘り下げるそのやり方も学んだのだった」と語っている。

母は真面目な話もした。屋根裏部屋から地下の一間に移って暮らしたときだ。病気から治りかけて寝ていたチャップリンに、演技を交えながら新約聖書の物語を聞かせた。イエス・キリストの話を身ぶり手ぶりで、夕暮れで暗くなりランプの灯をともすときに中断しただけで、延々と語り続けた。あまりに感銘したチャップリンは「その夜、その場で命を捨ててイエスさまに会いに行きたくなった」ほどだ。母は「イエスさまは、まずあなたに生き延びて、地上で運命をまっとうしてほしいと思って」いると諭した。

自伝でチャップリンは「母は私に、……この世のもっとも優しい光、すなわち愛と慈悲と思いやりの心について教えてくれた」「自分が何ほどかの人間であるとしたら、それはすべて母親のおかげである」と書いた。子は親の背を見て育つと言うが、チャップリンは母親の背どころか母親からすべてを学んだのだ。

早死にした父と狂った母

家の食料が底をつくと幼いチャップリンは、こんどは自分が母を元気づけようと近所の人たちの物まねをして笑わせた。さらには街頭で手回しオルガン弾きのメロディーに合わせて踊り、見物人から小銭を集めた。チャップリンのパントマイムは趣味の得意技ではない。貧しさの中で生き延びるために渾身の力を込めて身につけたものだ。

しかし、家計はどんどん苦しくなり、最後まで売らないで取っておいた舞台衣装さえ売らなければならないときが来た。

ミュージック・ホールの舞台で歌っていた母の声が急にかすれた。観客はヤジを飛ばし嘲《あざけ》った。それに耐えられず、母は舞台から引き下がった。すると舞台監督は、舞台のそでに立っていたチャップリンの手を引いて、舞台に連れ出した。日ごろのチャップリンの芸を見ていたため、母親の代役に立てようとしたのだ。

舞台に立ったチャップリンは、状況がよくわからないまま歌い出した。それが客に大うけした。歌の途中から舞台めがけて祝儀のおひねりが盛んに飛んできた。チャップリンが「お金を拾い終わってから、また歌います」と言って金を集め出すと、爆笑がわきおこった。調子に乗ったチャップリンは、母の声がかすれる様子をまねて歌った。爆笑はさらに高まり祝儀の雨が降ってきた。チャップリンが5歳のときである。それがチャップリンの人生での初舞台である。

幼いチャップリンにとっては、愛する母の窮地を救って、しかも金を稼いだことで家計を助けた。うれしかっただろう。しかし、母にとっては長年誇りにしてきた自分の仕事を息子に奪われたように思ったとしても不思議ではない。そのときのチャップリンの得意満面であどけない笑顔を前に、自信を喪失して力なく微笑み返す母の複雑な表情が浮かんでくる。実際、母の声は回復し、その後も少しは舞台に立ったものの、ミュージック・ホールでのハンナの本格的な舞台活動はこの夜が最後となった。

収入が途絶えて舞台衣装も売ると、もはや売る物がない。チャップリンは街角に立って新聞売りをしたが、家計を支えきれない。母は働きすぎの疲労がたたって病気になった。入院する金もなく、貧乏な人々が無料で治療を受けられる施療院に入った。保護者がいなくなったチャップリン兄弟は飢えて近所の人たちに食べ物を、通行人に金をねだり、ついには孤児院のような救貧院、さらに孤児・貧困児学校に入れられた。チャップリンが7歳のときである。いっしょに救貧院に入れられた4歳上の兄シドニーは、やがて遠洋航海の船乗りとなって出て行った。救貧院にいたとき、母親が精神病院に入れられたことを耳にし、幼いチャップリンは愕然《がくぜん》とした。自分の耳が信じられなかった。不可解な絶望感に取りつかれた。

やがてチャップリンは再婚していた父に引き取られた。9歳のとき父の紹介で、子どもの木靴ダンスのグループ「エイト・ランカシャー・ラッズ」の一員となった。地方を巡業しながら舞台で踊るのだ。練習は厳しく、ときには舞台の上で眠りこけてしまいそうになった。それを耐えた。その方が父の再婚先に居候するよりも精神的に楽だったのだ。巡業とともに、この学校に数週間、こちらに2週間など転々とし、それも行ったり行かなかったりした。12歳の1901年には完全にチャップリンの学歴は終わった。小学校中退である。

チャップリンが学校嫌いだったのではない。「学校は私にとって、歴史と詩と科学の新たな地平線を切り拓《ひら》いてくれる場所だった」と自伝に書いている。母が新聞販売店の店先で見かけた面白い詩を、チャップリンは授業の休み時間に仲間の前で朗読して聞かせた。担任の先生が感心して、授業中に朗読するようにチャップリンを促した。翌日には学校中の全クラスをまわって朗読することになった。それが励みとなって勉強に熱を入れ、成績は上がった。学校に行きたくてたまらなくなったときに、学校を中退しなければならなかったのだ。その後の彼は辛い思いをしながら、まったく独学で知識を身につけて行く。

やがて母の病状が回復し再び母子で住むようになったとき、チャップリンはたまたま酒場で父親に会った。父親は深酒のため肝硬変になり、顔がむくんで見るからに落ちぶれていた。それでも父親は久しぶりに見た息子を見て大喜びし、チャップリンを抱きしめた。父親から抱きしめられたのは、それが最初で最後だった。その数週間後、父は亡くなった。これもチャップリンが12歳の時である。

チャップリンは生涯、アルコールを嫌った。酒はたしなむ程度で、けっして酒に溺れなかった。酒の広告や宣伝に自分の作品が使われることを拒否した。今もチャップリンのキャラクターは酒会社の宣伝には使えない。それほど彼は父をダメにした酒を嫌った。

このころ、チャップリンは家計を助けるため、思いつく仕事は片っ端からやった。花売り、雑貨屋の小僧、病院の受付係、お屋敷のボーイ、本屋の店員、ガラス職人、印刷工、床屋の小憎……。

しかし、状況はさらに悪くなった。母の精神状態が完全におかしくなったのだ。近所の家を訪ねては子どもの誕生日のプレゼントだと言って石炭のかけらを配った。14歳になったばかりのチャップリンは母に駆けより、膝に頭を埋めて泣いた。困惑しながら母を精神病院に連れて行った。家に戻ると、暖炉の上に母の財布が置いてあった。中を開けると硬貨が3枚といくつかのカギ、数枚の質札しか入っていない。テーブルの隅にはチャップリンのために母が用意した菓子が置いてあった。チャップリンは、また泣いた。

母が収容された病院を訪ねると、面会室に現れた母はぼんやりしていた。チャップリンが「すぐによくなるよ」と励ますと、母は「あの日の午後、おまえが紅茶を1杯くれてさえいたら、病気になんかならなかったのにねえ」と言った。その言葉はチャップリンの心に終生、悔いとなって染みついた。

自分への揺るぎない自信

一人になったチャップリンは薪割りの手伝いなど、何でもやった。やがて船乗りになった兄のシドニーが戻ってきて蓄えた金を出したので、一息ついた。シドニーは父と同じ俳優を目指した。チャップリンも同じ道を目指すことにした。

最初の当たり役は「シャーロック・ホームズ」の舞台で使い走りをする少年だ。台本を渡されたが、小学校さえろくに通っていないため、文字が読めない。持ち帰って兄に読んでもらい、35ページ分を3日間ですべて暗記した。必死の演技は高く評価され、3年にわたって公演を続けた。とはいえ安住はできない。いつクビになるかわからないと思い、最初の給料で5シリングのカメラを買った。舞台のかたわら、街角で通行人の写真を撮って金を稼いだ。

その後も寄席の寸劇に出たし、サーカスの役者にもなった。喜劇の脚本も書いてみた。新しい働き口を見つけようとすると、必ずネックになったのが年の若さだ。そこで付け髭をつけて年齢をごまかそうとした。そんなとき兄の紹介でカーノー劇団を率いるフレッド・カーノー氏が声をかけてくれた。舞台に出ている喜劇役者の演技が不満で別の俳優に代えることになり、その役がチャップリンに回ってきたのだ。ためしに2週間の舞台を務めることになった。チャップリンが18歳のときである。

本番の舞台までの1週間、読めない字をなんとか読み、研究に研究を重ねた。迎えた舞台は爆笑が渦巻き、絶賛だった。小屋がはねて家への帰り道、チャップリンはテムズ川の橋の欄干にもたれ、川面を静かに見つめた。「わたしは歓喜の涙を流したかったのだが、無理だった……涙は出てこなかった。わたしは空っぽだったのだ」と自伝に書いている。全力を尽くしたあとの虚脱状態に陥ったのだ。ついに勝ちえた成果だけに喜びをかみしめたいが、それさえも許されなかった。

19歳になったチャップリンは恋をする。相手は同じ劇場の舞台に出ていた踊り子だ。ヘティ・ケリーという、うりざね顔でカモシカのようにしなやかな体の娘だ。デートを申し込んで承諾され、初デートは「まるで夢のような幸福を抱きしめながら、天国を歩いているような感じ」だった。しかし、彼女はまだ15歳だ。5回会って「結婚してくれ」と言ったが、ヘティは「私は若すぎるわ」とこたえた。恋の駆け引きなどしたこともないチャップリンは当惑し、ぎこちなく引きさがる。あとになって「私の方が一方的にのぼせあがった。子どもっぽい片思いであった。でも私自身にとっては精神の成長の始まり、美を求めて手を高く伸ばした最初のときであった」と思い起こす。

ヘティは後に若死にし、チャップリンにとっては生涯のマドンナになった。

努力の結果は、1年の契約をもたらした。間もなく一座の花形コメディアンとして認められた。フランスへの巡業もこなした。以前は端役で出た出し物の主役に抜擢された。名前がポスターの一番上に載せられるようになった。

一座は大西洋を越えてアメリカで公演をすることになった。21歳になったチャップリンは主役として海を渡った。ただし、乗った船はまともな客船ではない。畜牛を運搬する貨物船でベッドの足元をネズミが走り回った。しかも、海は12日間、大荒れで、うち3日間は舵が折れてしまい運行不能になった。

チャップリンの少年時代を整理すると、こうなる。2歳で両親が離婚し、5歳で舞台に立ち、6歳で母が病気になり、7歳で救貧院に入れられ、9歳で小学校を中退してプロとして踊りながら地方を巡業する中、母が発狂し、12歳で父が酒のため死亡し、14歳になると母が精神病院に収容され、自分は本格的な劇の舞台に立ち、18歳で劇団入りし、ようやく安定した仕事を得た。

家庭崩壊という言葉が生易しく思えるほど、悲惨な少年時代だ。自暴自棄になって非行に走ってもおかしくない。それでもチャップリンは自分を見失わなかった。その頃を思い起こして、彼はこう言っている。「食べ物を求めて通りをうろつきまわっていたときでも、自分は世界一の俳優だと信じていた。自分自身に対する揺るぎない自信に身をひたしている必要があったんだ。それがなければ人生に押しつぶされていただろう」。

第3章　アメリカの成功

元祖ムーン・ウォーク

「チャップリン博物館」のスタジオをさらに奥に進むと、いよいよ核心に入る。チャップリンのアメリカ時代の展示だ。

映画『サーカス』に出て来るような舞台の部屋には、「イタリアのチャップリン」と呼ばれたロベルト・ベニーニなど3体の蝋人形がある。ポスターやパントマイムの映像を見ながら廊下を通ると、いきなりマイケル・ジャクソンの蝋人形に出くわした。ん、なぜ？　と思うと、そばに「『ティティナ』からムーン・ウォークへ」と書いた説明書きがあった。マイケル・ジャクソンは「私はチャップリンを自分のアイドルと思っていた」と語っていたと書いてある。

「チャップリンは私がなりたいもの……歌手、踊り手、監督、プロデューサー……そのすべてだった」とマイケル・ジャクソンは言った。チャップリンが住んでいたロンドンの一角で浮浪者の姿をして撮影し、チャップリン亡きあとにスイスの彼の家を訪ねて家族に面会した。1995年には大好きだったチャップリンの歌「スマイル」をレコードに吹き込んだ。

映画『モダン・タイムス』の中、チャップリンがでたらめなフランス語で「ティティナ」の歌を歌いながら踊る姿が、マイケル・ジャクソンのムーン・ウォークのヒントになったと言

再現した『黄金狂時代』の山小屋＝Chaplin's World™
© Bubbles Incorporated S.A.

う。どんな姿だったのか、今は簡単に見ることができる。インターネットで「ティティナ」を検索すれば、ユーチューブでチャップリンの映像が出て来る。キャバレーで軽快なメロディーに乗ってバックスライドを繰り返し、ペンギン歩きするチャップリン。両腕以外の上半身は不動で下半身をクネクネと自在に操る不思議な動きを見直すと、なるほどムーン・ウォークの原型に思える。

長い廊下を通って階段を下りると、映画の撮影現場のような大掛かりなセットに出くわす。その一角に山小屋の模型がある。『黄金狂時代』でチャップリンが寒さから逃れるためにこもった小屋だ。中央のテーブルの下にもぐったチャップリンの蝋人形が愛嬌だ。山小屋のセットに入って片側によると、映画の一場面さながらシーソーのように揺れる。チャップリンが崖から転落しそうな山小屋の中であわてふためいた場面が頭をよぎる。

次の部屋の壁にはたくさんのフィルムが下がっている。撮影したフィルムの編集室を再現した。チャップリンは演技が「面白く、理にかない、しかもリズム正しくなっている」ように何度も撮影しなおした。「同じ場面を50回撮り直した」と言われるし、「50回の撮り直しはザラで、200回以上も撮り直したことがあった」という証言もある。

さらにフィルムを毎日点検し、翌日に新たな表現を入れて撮った。もともと面白いが、それに満足せず極限を追求した。磨き上げられるたびに、どんどん面白くなったのだ。撮影したフィルムのうち、実際に上映されたのは10分の1以下でしかなかった。

壁には、名高い作品の撮影時間と完成したフィルムの長さが示してある。『モダン・タイムス』は6万5215メートル分のフィルムを撮影したが、完成品は2477メートルだった。元の4％にも満たない。『街の灯』は9万5785メートル分のフィルムを撮影したが、完成品は2466メートルで、3％弱である。絞りに絞って、余分な部分を削ったのだ。作品が面白いのは当然だろう。完璧を期して練りに練った珠玉の結果を観客は目にするのだから。

さらに行くと床屋のセットがあり、チャップリンの蝋人形が剃刀を手に立っている。『独裁者』の床屋の場面だ。ハンガリー舞曲のメロディーに合わせてチャップリンが客のひげを剃る名場面である。客用の椅子にはだれも座っていない。博物館を訪れた人がここに座り、映画の場面のような写真を撮ることができる。

その向こうには道路わきのコンクリートに若い女性が座って花を手渡そうとする蝋人形がある。『街の灯』の1場面だ。そばに立って花を受け取るような写真を撮ると、自分が映画の主人公になったような気がする。最後の蝋人形は、『ライムライト』から。バレリーナ姿のヒロインがみすぼらしい姿のチャップリンの手を引いている。蝋人形は30体以上もある。

楽しめる仕掛けは他にもある。『モダン・タイムス』でチャップリンが入れられた牢獄の部屋があった。鉄格子に触ってみるとゴム製だ。グニャリと手で曲げて牢の中に入り、ブタ箱に入れられた気分を体験できる。チャップリンが巻き込まれた歯車の実物大の模型があり、歯車の間にはさまれて写真を撮ることもできる。チャップリンのトレードマークのだぶだぶのズボンをはいた首のない人形がある。後ろに立ってそばの山高帽を頭に載せて写真を撮れば、自分だけのチャップリンができあがる。

壁の棚には、チャップリンが映画で使ったドタ靴と山高帽、ステッキの本物が飾ってある。チャップリンの小道具として欠かせないこのステッキは、日本の滋賀県産の根竹《ねだけ》だ。ハリウッドがある米ロサンゼルスのリトル東京を訪れたチャップリンが日本の土産物を売る店で見つけた。よくしなう特性が気に入り、それを最大限に活用したのだ。

ほかにも、チャップリンの新聞記事のスクラップ。1972年にヴェネツィア国際映画祭で得た金獅子《きんじし》賞の「翼を持つ黄金のライオン」像。さらに同じ年のアカデミー特別名誉賞と、1973年に『ライムライト』に与えられたアカデミー劇映画作曲賞の二つのオスカー像が並ぶ。

展示を見ながら、アメリカに到着してからのチャップリンの足跡をたどってみよう。

新世界は別世界

勇んで渡ったアメリカで、チャップリンが最初に味わったのは、とまどいと失望だった。同じ英語の国なのに、あまりの違いに驚いた。買い物の店先での会話など、日常生活からしてテンポが違う。話す口調も動作もアメリカはすばやく、イギリスのゆったりとした調子ではついて行けない。新世界は別世界だった。

舞台で演じると、まったく反応がない。イギリスでは大笑いが返って来たのに、アメリカの客はあくびをして「死のような沈黙」があるだけだ。客はどんどんつまらなそうな表情になり、公演中に席を立って帰って行った。日本でも東京の笑いと大阪のお笑いは質もテンポも違って通じにくいが、大洋を隔てた文化はそれ以上の隔たりがあったのだ。

失意のため、一時は俳優を辞めようとまで考えた。「豚を飼えば儲かる」という話を列車の中で聞いて、養豚業者になるための本を真剣に読んだ。すると豚の去勢方法が図解入りで出ていた。これよりは俳優の方がいいと考え直した。

失敗したことで、かえって気が楽になった。アメリカ人の性格もすぐに見抜いた。チャップリンはアメリカ人を「人をだまして金をかすめ取ることしか頭にない楽天家で、やめることを知らない不屈の挑戦者だ」と分析した。アメリカ人の長所と短所を端的にとらえている。そして、アメリカ人がいつも考えているのは「あっという間に大儲けして、大当たりをとり、状況を切り抜け、売り尽くし、金をこさえてトンずらし、ほかのヤバイ商売に手を出す」ことだ、とも。まさにその通りだ。言い回しのうまさに思わず拍手したくなるではないか。

ニューヨークの失敗でいったんは意気消沈した一座だが、気を取り直して列車でアメリカの西海岸に向かった。このときだ、チャップリンがサンフランシスコで「カエル脚のプロヴァンス風」を初めて食べたのは。彼にとって「カエル脚のプロヴァンス風」は新しく踏み出した人生の第一歩を象徴する思い出の味なのだ。

サンフランシスコの街角では「太った40がらみの女」の占い師に観てもらった。トランプ占いだ。状況からして「ジプシー」の占い師である。

「あんたは長旅をしようとしている。アメリカを去るが、じきに戻ってくる。新しい仕事は今とは少し違うが、大成功する。3回結婚し、最初の2回はうまくいかないが、死ぬときは幸せな結婚をしていて、子どもが3人できる。大金持ちになって、気管支炎のため82歳で死ぬ」というご託宣だった。大筋で当たっていることに驚く。これで見料は1ドルというから安い。

お告げの通りに、チャップリンは間もなくアメリカを去ってイギリスに帰国したが、すぐにまたアメリカにとって返し、舞台の仕事から少し違う映画の仕事に移り、大成功した。死ぬときは幸せで大金持ちになった。ここまでは当たっている。違ったのは、4回結婚し、最後の相手のウーナ夫人との間だけでも8人の子が生まれたことだ。そして亡くなったとき88歳だった。

でも、結婚した4回のうちポーレット・ゴダードとは正式な書類が残っておらず、要は事実婚である。法律上は結婚と呼べない。したがって結婚3回というのは合っている。子どもの数も3人以上になったが、3人できたのは事実だ。恐るべし、ジプシー占い……。

実は私も「ジプシー」のおばあさんの占い師に観てもらったことがある。先に述べた大学の「ジプシー」調査探検隊で東欧ルーマニアに行き、草原で幌馬車のロマ民族の一家に遇《あ》った。そのときにトランプ占いをされ、同じように「子どもが3人できる」と言われた。私の場合はドンぴしゃで正確に当たった。しかし、考えてみると3人という託宣は、いわば誰にでも通じるのではないか。いま、子どもが1人でも、やがて2人生まれないという保証はない。3人を超したら、言われた通り3人が生まれたのは事実だと当人は納得する。やはり恐るべし、ジプシー占い……。

放浪紳士の誕生

さて、アメリカのペースに慣れて観客を喜ばせるコツも分かってくると、客の受けも良くなった。再びニューヨークに戻ったとき、たまたま入った劇場でチャップリンが演じる酔っ払いを見て激賞した男がいる。マック・セネットだ。「ぼくがいつか大物になるようなことがあったら、あの男と契約したいものだ」とセネットは言った。彼は事実、ハリウッド映画界の大立者になった。

いったんイギリスにもどったあと、チャップリンは予言通りすぐにアメリカに戻った。こんどは前回と違って、ちゃんとした客船である。ただし2等船室だ。地方を巡業中に電報を受け取った。内容はわからないが、ニューヨークに来てほしいという。「もしかして、どこかにいたおばさんが亡くなって遺産が転がり込むのかも」と思ったところが、そのころの彼の懐具合を示している。ニューヨークに着いてみると、キーストン映画社への出演要請だった。要請の背景にいたのがこの映画会社の設立者、あのマック・セネットだ。彼は舞台で見たチャップリンの演技を忘れておらず、言葉通りに契約の声をかけたのだ。

1年契約で1週間に3本の映画を撮り、週給は150ドルだという。それまでの稼ぎの倍だ。しかし、金の大切さ、恐ろしさが骨身にまでしみているチャップリンは、ここぞとばかり値上げ交渉をした。勝ち取ったのが最初の3ヵ月が150ドル、その後の9ヵ月は175ドル……という条件だ。それまでの人生で手にしたことがない大金に、チャップリンは有頂天となった。1913年9月のことだ。その直後、彼は石油会社の株を200株、手にした。

しかし、映画の世界を知らない。ロサンゼルスに行き撮影所の前まで行ったものの、中に入る勇気がない。撮影所の前まで行きながら、気おくれして入れない。「早く来い」と叱られて、3日目にようやく中に入った。

それから10日目になって最初にもらったのは、特ダネを奪い合う新聞記者の役だった。『成功争い』のタイトルで1914年に公開された。登場したチャップリンは、フロックコートに垂れたドジョウ髭の姿だ。

2作目の『メイベルのおかしな災難』の撮影のさい、セネットはチャップリンに「コメディーのメーキャップをしてこい。どんなものでもいいから」と指示した。チャップリンは衣裳部屋に行く間に考えた。「ダブダブのズボン、パツパツの上衣、大きすぎる靴に小さな山高帽、そしてステッキ」にしよう。ちぐはぐのおかしさを狙った。日ごろ若く見られがちなだけに、チョビ髭をつけて年齢が上に見られるようにした。

その姿を見て大笑いするセネットに、チャップリンはキャラクターの説明をした。「浮浪者で紳士、詩人で夢想家、孤独ながらいつもロマンスと冒険を求めている男」と。「放浪紳士チャーリー」はこうして生まれた。1914年1月6日のことである。

扮装の妙味に歩き方の面白さが加わった。ちょこまかした独特な歩き方は、チャップリンが少年時代に会った近所の飲んだくれの老人の歩き方を真似した。チャップリンの伯父が経営するパブの前で馬の世話をしていた老人で、ひどいリウマチを病んでいたという。

監督も兼ねる

万事うまくスタートしたわけではない。独創的な扮装を創り上げた彼は、映画に取り入れるギャグの案も独創的だった。監督の指示がつまらないと思うと、自分のアイデアを提案した。監督は怒り、チャップリンをクビにしようとした。セネットもその気になり、「言われた通りにしろ。さもなければ辞めてもらう」と言い切った。出る杭は打たれる。チャップリンはクビになるのを覚悟した。

翌朝、クビを宣告されると思って出社したら、セネットが猫なで声で話しかけた。「君はすばらしいアーティストだ」と言う。手のひらを返すような扱いだ。チャップリンは状況が呑み込めないまま開き直って「ならば、監督も私にやらせてほしい」と主張すると、簡単にOKされた。

その理由はすぐに分かった。ニューヨークの事務所から電報が届いたのだ。チャップリンの出演作品が大変な人気を呼んでいるので、急いでもっと作るようにという要請である。解雇されるはずが、逆に出世した。

監督としての最初の作品は『恋の20分』だ。公園のベンチでカップルがいちゃついている。相手のいないチャーリーは樹木を抱いてキスするしかない。居眠りしている男のポケットから時計を盗んだ男がいて、その時計をチャーリーが失敬する。警官が来て捕まるかと思ったら、時間を聞かれた。チャーリーはベンチで寝ていた男に時計を売りつけようとするが、その男こそ元の時計の持ち主だった。入り混じっての追っかけっこと殴り合いになる。

たしかに、それまでのチャップリン主演作品と比べてスピード感があり無駄も少ない。しかし、そのできには満足しなかったようだ。なにせ「ある日の午後だけ」で撮った作品だ。似通ったストーリーで1年後に『アルコール先生公園の巻』を制作している。監督2作目の『とんだ災難』はさらにテンポがよくなり、笑いの要素も格段に増えた。しかし、これも満足しなかったようで、やはり1年後に焼き直して『アルコール夜通し転宅』に発展させている。

これ以後、チャップリンは自分が出演する映画は脚本も監督も主演も、自分でやった。内容は問わず面白ければいいという時代だけに、どれもほんの数日で撮影して世に出した。

この時期の作品の多くはドタバタ喜劇だ。しかし、中には後の名作の原型となった作品もある。『チャップリンの画工』は、落ちぶれた画工が酒場でかつての恋人を思い出しながら、彼女の顔を床に描いて死ぬ。落魄《らくはく》した老優が舞台で息を引き取る『ライムライト』を思い起こさせる。『チャップリンとパン屋』はパン屋のストライキを描き、『モダン・タイムス』を彷彿《ほうふつ》とさせる。『新米用務員』はおかしさの中にペーソスをたたえていて『街の灯』に通じる。

作れば作るだけ、作品はすべて当たった。このためキーストン社は1年契約の延長を申し出たが、このさいとばかり強気に出たチャップリンと額で折り合わない。社を離れたら人気が陰るぞ、と脅すセネットに対してチャップリンは「公園と警官と可愛い子さえいれば、喜劇は作れる」と啖呵《たんか》を切った。この言葉は今でもアメリカで名言と言われている。

ロマンチック・コメディー

チャップリンが次に契約したのはエッサネイ社だ。契約料1万ドル、週給1250ドルだった。キーストン社が週給150ドルだったのと比べると、たった1年で給料は8倍以上に跳ね上がった。しかも契約料という大型ボーナスがついてきた。

このときの契約料の交渉で、こんな話が残っている。エッサネイ社は最初、週1000ドルで契約を申し出た。するとチャップリンは1075ドルに引き上げるよう要求した。その75ドルとは何か、と問われたチャップリンは「私は週に75ドルもあれば暮らしていける。あとの1000ドルは預金する」と言ったという。幼いころの貧しい暮らしが頭にあり、いつまた路頭に迷うかもしれないという彼の思いが、こうしたエピソードを生んだのだろう。

この時代、手に入れた宝物がある。チャップリンの作品のうち8年間にわたり35本でヒロインとなった女優エドナ・パーヴァイアンスだ。日本では「エドナちゃん」の名でおなじみになった。『アルコール夜通し転宅』でエドナは女優として映画デビューした。

喜劇にロマンスの要素が入ったのは、ここからだ。単なるドタバタから、しんみりした場面もある中身の濃いロマンチック・コメディーが生まれた。その後の日本の『男はつらいよ』にも通じる系譜の原型は、チャップリンがこのとき創り出した。

もはやチャップリンは、押しも押されもせぬ喜劇役者として認められた。「放浪紳士チャーリー」の人形やおもちゃが飛ぶように売れ、子どもたちはチャップリンの真似をしてふざけた。服や煙草にチャップリンの姿が描かれ、街のどこを見てもチャップリンの絵が目に入るようになった。

エッサネイ社との契約が満了し、ニューヨークに戻ろうとして列車に乗ると、テキサスの駅のホームで市長をはじめ大観衆が出迎えた。途中のほかの駅でも同じような歓迎攻めに遇った。ニューヨークの市警察本部長から電報が来た。グランド・セントラル駅には群衆が集まっているので手前の駅で降りてくれるようにという要請だ。チャップリン自身、想像してもみなかった人気の高まりである。

そうした中、次の映画会社ミューチュアル社は、契約金15万ドルと週給1万ドルを提示した。週給1250ドルから、さらに8倍になったのだ。最初の150ドルに比べると67倍である。年収の金額にしても、年間52週分と契約金を合わせると67万ドルになる。その67という数字がニューヨークのタイムズスクエアの電光掲示板に流れた。「チャップリン、年俸67万ドルでミューチュアル社と契約」。

チャップリンは人ごみに紛れて、それを見ていた。「私はそこに立ち尽くしたまま、他人事のように客観的な眼でそれを見ていた。あまりにも多くのことが起きたので、もう何も感じられなくなっていた」と自伝で述べている。1916年2月26日だった。

将来がどうなるかわからないまま家畜を運ぶ貨物船に揺られて新天地アメリカにわたって5年と4ヵ月。無我夢中で駆け抜けた日々は無駄ではなかった。信じられないほどの大成功を、今や手にした。

『チャップリンの放浪者』

ミューチュアル社で最初の作品『替玉』を制作した時の記録が残っている。短期間で作品を生み出すため、当時のチャップリンには筋立てを決めるのに3週間しか時間がなかった。その期限が切れるころ、駅のエスカレーターで足を滑らせた通行人が引きずられるように滑り落ちてきたのを見た。これがヒントとなりデパートを舞台に追い駆けっこをする映画を作った。

筋をはっきり決めてから作るのではない。カメラの前でリハーサルを繰り返しながら、ギャグを洗練させていく。「チャップリン喜劇は作られるのではない。それは生じるのである」と言われた。

3作目に制作したのが『チャップリンの放浪者』だ。日本ではあまり知られていないが、後の作品の原型である。

旅芸人のチャーリーが酒場でバイオリンを弾く。チャップリンは左利きなので、バイオリンの持ち方も普通とは逆だ。そこに4人組の流しの音楽グループが入って来て演奏を始めた。客はそちらの方に拍手し、チャーリーには見向きもしない。チャーリーが、かぶっていた帽子を手に客の間をまわる。客は4人グループに払うのと勘違いして金を入れる。気づいた4人グル

『チャップリンの放浪者』でバイオリンを弾くチャップリン=From the archives of Roy Export Company Ltd.

ープとチャーリーが追い駆けっこになった。

チャーリーが逃げてきた野原に「ジプシー」がキャンプしていた。ボスにいじめられ泣きながら洗濯をしていたのがエドナ・パーヴァイアンス演じる可愛い乙女だ。彼女の悲しみを癒そうと、チャーリーはバイオリンを演奏する。そのメロディーに合わせて洗濯が進む。熱演のあまりチャーリーは桶の中にお尻から落ちてしまう。ボスが来て彼女をいじめようとしたので、チャーリーは彼女を馬車に乗せて逃げる。

チャーリーが恋した乙女はしかし、青年画家に恋した。画家が展覧会に出品した乙女の絵の腕に描かれたあざ。それを見て驚いたのが金持ちの老婦人だ。誘拐され行方不明になった娘だと知った老婦人は自動車で急行し、チャーリーに目もくれず娘だけ連れ去った。しかし、車の中で娘は引き返すように絶叫する。いったん置いて行かれたチャーリーも無事、いっしょに車に乗ることができた。めでたし、めでたし……で終わる。

主人公の放浪者が苦境に陥った乙女を助け、恋心を抱くが失恋する。最後はそれなりにハッピーエンドという、その後に通じる筋立てだ。

ラストシーンには、実はもう一つのバージョンがあった。置き去りにされて絶望したチャーリーは身投げして自殺するという結末だ。それまでの喜劇なら、主人公を徹底的におとしめて笑いものにし観客の優越感をくすぐるという手法が通じたが、チャップリンはそれをやめた。見終わったあと温かい気持ちに包まれるようにしたのだ。

この作品でチャップリンが見せるバイオリンの腕前は、しぐさだけ見てもかなりの腕前だとわかる。彼は16歳のときから毎日、寝室でバイオリンとチェロを4時間から6時間、練習した。左利き用に調弦された楽器だ。劇場の指揮者や演奏家からレッスンも受けた。だから技術は本物である。このころはコンサートのバイオリニストになるという夢があった。しかし、プロの演奏家になれるほどの技量はないとわかってあきらめたのだ。そのときの技がこの短編で活かされている。サイレント映画だから演奏する音は出ないが、けっして形だけ真似をしているのではない。

可愛そうな境遇の美女を楽しませるが、彼女の恋の相手は別人でチャップリンはふられてしまう、という流れは『サーカス』にも見られる。なにかが証拠となって別れた親子が再会するという筋立ては『キッド』に共通する。いったんは見捨てられたと思った主人公が最後に救われるのは『黄金狂時代』と同じだ。

チャップリン自身が「ジプシー」ことロマ民族の血を引くだけに、力が入ったのだろう。彼の代名詞でもある「放浪者」を題名にしたこの作品には、その後の作品のエッセンスが含まれている。このころになるとチャップリンに扮装した強盗が現れるほど人気が広がった。

今に通じる『移民』

2017年に就任したアメリカのトランプ大統領は「メキシコとの国境に壁を築く」と宣言し、移民や難民の受け入れを制限した。そのちょうど100年前の1917年に作られたのがチャップリンの『移民』だ。あたかも100年後のアメリカ社会の移民への冷たさを見通し予言したかのようである。

ヨーロッパから大西洋を越えてアメリカに向かう移民船。揺れる船の甲板で脚をバタバタさせる放浪者のチャーリー。酔って吐いていると思ったら魚を釣っていた。夕食の時間になっても船は大揺れだ。テーブルの上のスープ皿は滑って向こうに行き、チャーリーは何も食べられない。金を盗まれて泣く娘エドナのポケットに、とばくで儲けた金をこっそり入れる優しいチャーリー。

ニューヨークに着くと家畜のようにロープで縛られて「自由の女神」の前を通過する。「自由の国」を誇るアメリカだが、移民にとっては不自由なのだ。上陸してレストランに入り娘と再会するが、金がない。居合わせた画家が出した金で支払い、さらに娘のモデル代を資金としてチャーリーは娘を抱き結婚のため役所に向かう。めでたし、めでたし……。

この作品に使ったフィルムは約4万フィートあり、完成品の20倍以上ある。膨大に撮影したフィルムを絞りに絞って、結局は5％以下しか使わなかったのだ。初期の作品、それも短編にこれだけ力を入れたのは珍しい。それだけ意欲に燃えたのだ。

レストランのシーン。無銭飲食しようとした別の客が店員に暴行される。それを見るチャーリーには自分もこうなるという不安がのしかかる。そこに見るからに腕っ節の強そうなウエイターが勘定書きを持ってきた。ドギマギするチャーリー。見ている観客もハラハラする。

実はこのあと、映画には出てこないシーンが撮影されていた。勘定書きの紙を使ってチャーリーは折り紙の兜を折った。日本の武者人形にある和風の兜だ。それをチョコンと頭に乗せてウエイターに微笑むが、ウエイターは怖い顔を崩さない。その対比が笑える。

どこで折り紙を習ったのかと思うが、その1年前に高野虎一がチャップリンの運転手に採用されている。高野は『移民』の直後に撮影された『冒険』に運転手役で出演している。チャップリンは折り紙を高野または周りの日本人から教えてもらったのだろう。日本人が見ると腹を抱えて笑うシーンだが、折り紙が世界に知られていない時代だけに、チャップリンはせっかくのこのシーンを削ってしまった。

この1917年、アメリカはアジアからの移民の大量流入を阻止するため移民法を改正した。英語の読み書きができない移民は許可しないと決めたのだ。移民国家として出発したが、後から来る移民を選別し、都合の悪い者は排除する姿勢に変わった。今日につながる移民政策である。アメリカという国の在り方の転換と言ってもいい。それを皮肉に描いた作品だ。

『犬の生活』『担《にな》へ銃《つつ》』

ミューチュアル社との2年間が終わると、チャップリンはファースト・ナショナル社と契約した。1年で100万ドルが懐に入るようになった。しかも完全な自由と独立が保障された。その金でハリウッドに近い2万平方メートルの土地を買い、自前の映画スタジオを建てた。以後はここで自由に映画を製作する。この時期から、チャップリンらしい作風を確立していく。

その最初に撮影したのが『犬の生活』だ。喜劇として作られながら「シネマの最初の完全な作品」とフランスの評論家を感嘆させた。

浮浪者チャーリーが塀の下で石を枕に寝ている。塀の穴から外のソーセージをつまんで食べるところを警官に見つかり、追い駆けっことなった。職業安定所に行くが、割り込まれて窓口にたどりつけない。野犬の群れに追われている惨めな野良犬を見つけ、いっしょに生活を始めた。犬をズボンに押し込んでキャバレーに入り、主人にいじめられていた歌手のエドナと踊るが、犬のせいで大混乱になり追い出される。

しかし、犬は土の中から財布を見つけた。解雇されて泣くエドナにチャーリーは財布を見せて慰めたが、泥棒が財布を横取りする。チャーリーは「二人羽織《ににんばおり》」のやり方で泥棒から財布を取り戻し、田舎に家と畑を持った。仲が良いのは二人だけではない。暖炉の前の籠《かご》の中で、何匹もの仔犬をかかえた犬が尻尾を振る。めでたし、めでたし……。

おかしくて、ほほえましい作品だ。このときは第1次世界大戦の真最中で、チャップリンは戦時公債のキャンペーンのため撮影を中断した。チャップリンと別れて悲しかったのか、主人公の犬は餌を食べなくなり死んでしまった。忠犬ハチ公のような犬である。一説によると、チャップリンの指導があまりに厳しくてノイローゼになって死んだとも言われる。

ともあれ撮影の途中だったので、チャップリンは秘書の高野らに「同じ犬を探してこい」と命じた。そっくりな犬が簡単に見つかるわけがない。ようやく見つけた白い犬に、ドーランで前の犬のような模様をつけてしのいだ。

この作品が記念すべきなのは、以後の主人公の性格が決定づけられたことだ。「『犬の生活』において、こんにちの私たちの誰もが『チャップリン』といえば思い浮かべる、あの心優しい放浪紳士チャーリーという永遠のキャラクターが完成を見た」と大野裕之氏は『チャップリン――作品とその生涯』で述べている。

『担へ銃』も第1次大戦中に作られた。

最下層の兵士チャーリーは不器用でまともに行進もできない。最前線の塹壕《ざんごう》では硬いパンがごちそうだ。腐ったチーズは敵陣に投げつけた。唯一の楽しみは家族からの手紙だが、チャーリーには1通も来ない。雨で水浸しとなった塹壕では蓄音機のラッパで空気を吸いながら水の中で寝る。立木をすっぽりかぶり木に変装して敵地に潜入し、ドイツ兵に捕えられていた娘エドナを救う。ドイツの皇帝らを車に乗せてアメリカ軍の陣地に連れて行き、抜群の戦功で胴上げされた……と喜んだら、すべては夢だった。

戦争中の映画といえば、戦争を美化し愛国心を煽って国民を戦争に駆り立てるのが普通だ。しかし、チャップリンは戦場で悲惨な思いをする兵士をヒューマンに描いた。国家よりも人間を優先させたのだ。厭戦《えんせん》気分さえ漂う映画だけに、戦争を賛美する政治家や右翼はチャップリンを嫌うようになった。一方で実際に出征した兵士たちからは絶賛された。「チャーリーは戦場で生まれた」と言われ、愛された。

微笑と涙の『キッド』

キッドとは子どものこと。チャップリン最初の長編映画である。冒頭に「微笑と、おそらくは一粒の涙の物語」という字幕が入る。いや、一粒どころではない。この作品を見て心を動かされない人はいないだろう。笑いながら大粒の涙がほおを伝って流れてくる。

男に棄てられた若い母親エドナが、赤ん坊を抱いて慈善病院から出て来る。貧しい自分にこの子は育てられないと思い、置手紙を添えて高級車の中に赤ん坊を置き去りにした。だが、車は盗まれてしまい、泥棒は赤ん坊を道端のゴミ箱の側に捨てる。浮浪者のチャーリーが赤ん坊を見つけ、かわいそうにと拾った。いったんは捨てようとするが、捨てられない。自分が育てることにした。

屋根裏部屋に間に合わせのハンモックを吊り、ポットの注ぎ口に哺乳瓶の乳首をつけて赤ん坊にミルクを飲ませる。少し大きくなると、椅子の座席に穴を開けて下に便器を置いた。乏しい収入をミルク代に割き、工夫を重ねて実の親以上にかいがいしく世話を焼くチャーリー。

赤ん坊が5歳の少年になると、二人で組んで仕事をした。少年が石を投げてあちこちの家の

「チャップリンの世界」に再現されたロンドンの下町と「キッド」= Chaplin's World™ © Bubbles Incorporated S.A.

窓ガラスを割る。そこへ通りかかったガラス屋のチャーリーが修繕する仕組みだ。詐欺のような手口である。そんなとき歌手として成功したエドナが貧民街に来て少年におもちゃを贈った。おもちゃをめぐるガキ大将との奪い合いで少年は病気になる。診察した医者にチャーリーは、少年が捨て子だったことを明かした。救貧院の車が来て少年を連れ去る。両手を広げて泣き叫ぶ少年。チャーリーは屋根の上から上を走って車に追いつき、少年を取り戻して簡易宿泊所に移る。

医者から置手紙を見せられたエドナは、この少年こそ自分が捨てた子だと知り、新聞に広告を出した。それを見た宿泊所の主人が少年を警察に連れて行く。少年がいないことに気づいたチャーリーは街を探し回り、疲れ果てて眠る。揺すり起こした警官がチャーリーを連行した先は、母親と少年が睦まじく暮らす邸宅だった。チャーリーは優しく迎えられ、警官からも祝福される。めでたし、めでたし……。

つなぎの服にダブダブの帽子をかぶった愛らしい少年を演じたのはジャッキー・クーガン。たまたま観た舞台で踊っている彼を見つけたことが、チャップリンに映画のアイデアをひらめかせた。ロンドンの舞台で歌い踊った少年時代の自分に重なったのだ。画面に映る屋根裏部屋は、幼いチャップリンが母と過ごした部屋を思い浮かべて再現した。

ジャッキーは天才だった。チャップリンが何回かやってみせると、すぐに体得した。唯一、救貧院の車から少年を取り戻して抱く場面で、泣いてほしいのに泣かなかった。チャップリンが困り切っていると、ジャッキーの父親が「私が泣かせましょう」と言い、すぐに泣かせた。「泣かなければ本当に救貧院に入れてしまうぞ」と脅したのだった。

子どもがガラスを割り、そこにたまたまガラス屋が現れるという詐欺まがいの手口を考えたのは、チャップリンではない。カーノー一座を率いるフレッド・カーノー氏だ。彼は興行がうまくいかなくなったとき、舞台をやめてガラス屋になった。男の子を雇って窓ガラスを割らせ、そこに自分がやっていくという手法を実際にやったのだ。それを聞いていたチャップリンが映画で採用した。

この映画を撮っていたとき、実はチャップリンは家庭的に最悪の状況だった。妻のミルドレッドとの離婚話がうまくいかず訴訟沙汰になったのだ。せっかく撮ったフィルムを差し押さえされる恐れがあったので、膨大なフィルムを缶に詰め、夜逃げのようにして州境を越え、ホテルにこもって編集した。離婚が成立したのは『キッド』の製作を終えたあとだ。ほっとしたチャップリンは母のハンナをイギリスから呼び寄せた。精神を病んだままの母のため、カリフォルニアに家を買った。

自伝では「赤ん坊と犬は映画界最高の俳優だ」と語っている。ジャーナリズム界でも「ネタに困ったら動物園か幼稚園に行け」と言う。それにしてもジャッキーは稀に見る子役だった。しかし、成功した子役が幸せであるとは限らない。彼の稼いだ収入は彼には一銭も入らず、母と義父が勝手に使ってしまった。これがもとで子役の収入が本人に入る「クーガン法」が制定される。

また、名子役がそのまま名優になるとは限らない。ジャッキーは大人になっても俳優として20本ほど映画に出たが、パッとしなかった。その後に名をはせるのは40年以上も後のお化け一家『アダムス・ファミリー』の伯父の醜い老人役だった。

『キッド』が大成功すると、チャップリンは生まれ故郷に凱旋《がいせん》しようと思いたった。疲れがたまっていたところにイギリスから「ある愚かな小娘のことを覚えていらっしゃるでしょうか」と始まる手紙が届いた。初恋の女性ヘティからだ。ロンドンに来るようなら会ってもらえるだろうか、とも書かれていた。もちろん会いたい。チャップリンはロンドンに行くため、長期の休暇をとった。

11年前にアメリカに来たときは、家畜を乗せる運搬船だった。2度目にアメリカに来たときは客船ではあるが2等船室だ。いま、ロンドンに向かう船は堂々とした客船「オリンピック号」の1等船室である。港で大群衆に迎えられ、得意満面だった。しかし、上陸して知ったのは、ヘティがインフルエンザですでに世を去っていたことだ。自分の生涯の一時期が奪い去られたように感じた。

『黄金狂時代』

やがてファースト・ナショナル社との契約が切れる日が近づいた。待遇の改善を求めるチャップリンに、映画会社は冷たかった。チャップリンの親友である俳優ダグラス・フェアバンクスと女優メアリー・ピックフォードも、契約の更新がうまくいかない。そんなとき、映画会社の幹部が談合して俳優の給料を下げようとしているという情報が入った。このため3人は自分たちの映画を自分たちで配給する会社を共同で立ち上げた。ユナイテッド・アーティスツ社だ。俳優を思うままに支配しようとする会社から、俳優たちが自立した。

その第1作『巴里の女性』はエドナ・パーヴァイアンスをヒロインにして、チャップリンは監督業に徹した。しかし、興行的には失敗作だった。やはり観客は放浪紳士チャーリーを見たがっているのだ。そのころチャップリンは1898年にカナダで起きたゴールド・ラッシュの写真を見て、金鉱探しをテーマにした喜劇を考えついた。

一攫千金《いっかくせんきん》の金鉱を求める黄金亡者たちが、列をなして豪雪の山を登って行く。ナベとポットを下げて防寒具で身を固めたチャーリーもその一人だ。滑り落ちそうな断崖を歩き、同じ金鉱探しの大男と山小屋で共同生活をした。猛吹雪で外に出られず食料が尽きると、チャーリーは靴を煮て食べる。この部分はアメリカの開拓民が雪の山中で鹿皮の靴を焼いて食べたという記録を読んで思いついた。

靴の食べ方は真に迫る。落語の5代目柳家小さん師匠がソバをすするとき、本当にソバを食べているように見えたが、チャップリンの芸はさらに上を行く。革靴をまるで本物のステーキのように扱うし、チャップリンがしゃぶる靴の釘は鶏の骨のように見える。靴ひもは完全にスパゲッティに見える。

チャップリンはこのとき、演じていたのでなく、本当に食べていた。もちろん靴を食べるわけにはいかない。スタッフが甘草で靴を作ったのだ。靴ひもはイカ墨スパゲッティだとも言われる。靴を食べるシーンだけで撮影に3日かかり、その間、チャップリンは63回も食べた。

このため数日、下痢に悩まされる。ロールパンにフォークを突き刺してダンスを踊るシーンも迫真だ。本当に人間の足が踊っているように見える。

山小屋は突風のため崖っぷちにやられ、チャーリーと相棒が動くとグラグラ揺れる。最後は崖から落ちてしまうが、チャーリーはかろうじて助かる。ところが、その山小屋があった場所が金鉱だった。二人は大金持ちとなって帰りの船に乗る。船で出会ったのは山奥の町のダンス・ホールの踊り子だ。チャーリーは彼女にほれてディナーに招待するがふられてしまった相手である。チャーリーの真心を知って後悔していた踊り子は、チャーリーが密航者だと思ってかばう。チャーリーは今や富も愛も手にした。めでたし、めでたし……。

「この映画は絶対的傑作だ」と激賞したのは、チャップリンといっしょに1936年に日本を訪れたフランスの詩人ジャン・コクトーだ。チャップリンはこの作品にそれまで以上の力を入れた。万年雪をいただくカリフォルニアの山中に標高2955メートルの高さまで細い登山道を切り拓いて開拓者の町を本物さながらに作った。黄金亡者の群れを撮影するため、浮浪者600人を集めてロケをした。

この作品は世界で評判になった。ロールパンのダンスの場面はあまりにもすばらしいので、ドイツのベルリンで上映されたときは観客の熱狂ぶりに感じ入った経営者が上映中にフィルムを巻き戻させ、同じ場面をもう一度上映させた。映画の上映中にアンコールとなったのだ。最初のとき以上に拍手が沸き起こったという。

『サーカス』

これまでの作品で屋根の上を走り回ったり、崖から落ちそうになったり、スリリングな場面はたくさんあった。それを見事にクリアしたチャップリンが、さらに大それた空中の綱渡りに挑戦したのが『サーカス』だ。

浮浪者チャーリーがスリと勘違いされて警官に追われ、サーカス小屋に逃げ込む。そこで巻き起こすドタバタが観客に大受けしたため、チャーリーは道化師としてサーカスに雇われた。ロバに追いかけられて飛び込んだのはライオンの檻で、そこから出られなくなる。

空中ブランコ乗りの娘に恋をするが、娘は新入りのハンサムな綱渡り男にほれる。ライバル心を燃やしたチャーリーは綱渡りに挑戦するが、渡っている最中に逃げ出した猿にかみつかれ、あわや落ちそうになる。娘の身になって考えたチャーリーは恋をあきらめ、少女の力になろうと彼女と綱渡り男との駆け落ちを助けた。サーカスが次の巡業地に旅立ったあとの空き地に、チャーリーは一人残されるのだった。めでた……くない。

制作のきっかけになった会話が残っている。チャップリンが側近のヘンリーに持ちかけた相談だ。「何らかの理由でどうやっても逃れられない状況に自分を置いてギャグを演じたいと考えてるんだ。高い場所で何か厄介な状態にあって、猿か何かが私のところにやってくるんだが、私は猿から逃げることができないというふうにね」。

ヘンリーは答えた。「そういうのをステージでやるのは無理だよ。観客は上を見上げなくちゃならないから首が痛くなる。いっそサーカスのテントの中で綱渡りをすることにしたらどうだい。綱渡りなら私が教えるよ」。ここから映画『サーカス』が生まれた。

ヘンリーの特訓でチャップリンは綱渡りをマスターした。練習に費やした時間は1週間とも1ヵ月とも言われる。どちらにせよ、きわめて短期間だ。最初は地面から30センチの高さにロープを張り、下にネットを張って徐々に天井の高さまで上げたが、チャップリンは一度も落ちなかった。

綱渡り男の役をしたイケメン俳優は、元エリートだ。サンフランシスコの有名な銀行家の家に生まれ、名門のイェール大学を出た秀才である。身長は1メートル80センチ。実業界で働いたが俳優に憧れ、仕事を投げ打ってハリウッドにやってきた。豊富な知識を持つチャップリンを尊敬して付き添い、『サーカス』では俳優だけでなく助監督もした。チャップリンは小学校中退の学歴にコンプレックスを抱いていただけに、高学歴の彼が慕ってくれることを内心、憎からず思っただろう。

映画の中でチャップリンは命綱がはずれたあとも、綱の下にネットもない状態で、本当に綱渡りをしている。しかも猿にじゃまされながら。この撮影のためチャップリンが綱渡りした回数は700回を越えた。命をかけて本気にやったから彼の作品は感動を呼ぶのだ。

画面にライオンが出て来るが、その撮影のためチャップリンは毎日のようにライオンの檻に入った。ライオンとのシーンは200カット以上も撮られている。つまり200回以上、ライオンのいる檻に入ったのだ。画面でチャップリンが恐怖の表情を見せる場面があるが、「少なくとも恐怖の1シーンは本物だ」と語っている。

とはいえ、撮影はご難続きだった。せっかく建てたサーカスのテントが嵐で壊れた。撮影開始から1ヵ月後にそれまでのフィルムがミスで傷物だったことがわかり、すべて撮り直した。極めつけは二人目の妻リタ・グレイとの関係である。離婚をめぐる訴訟は最終場面を迎えていた。相手はチャップリンの評判を落とそうと、あることないことを書きたてて出版した。チャップリンは心労のため、一夜にして髪が真っ白になり、制作を中断して一時は身を隠してしまった。そうした中で身体を張った演技を見せたのだ。恐るべき精神力である。

この映画でチャップリンは1929年の第1回アカデミー賞特別賞を受けた。しかし、当人は「わずかの人間で決めた賞なんて、たいした名誉ではない。私が欲しいのは大衆の喝采《かっさい》だ」と言って授賞式を欠席した。もらったオスカーの像は、長らくドアのつっかい棒にしていた。

『街の灯』

盛大に行われる記念碑の除幕式。ところが、幕が除かれると厳粛な女神の像の上には浮浪者チャーリーが寝ていた。降りろと乱暴に叫ぶ着飾った人々は、国歌が流れるとサッと気を付けの姿勢をとる。お高くとまった上流階級が弱者に強く権威に弱いことを見せつける。

追い払われたチャーリーは街をうろつく。ショー・ウインドーの裸婦像に気をとられて見つめるうちに、足元のマンホールのふたが開く。ふたの上に足を踏み出して落ちそうになると、ふたが閉まる。本人はそれに気づかない。観客だけがハラハラする。しかし、とうとう足を踏み外してしまった。マンホールの下から出てきた男をしかりつけるチャーリー。しかし、彼が大男だとわかるとガラッと態度を変えて謝り退散する。偶然の面白さと権力に媚びる人間の性格が風刺されて笑える。

チャーリーが街を歩いていると花売り娘がいた。彼女はチャーリーが車から降りた紳士だと思い、花を売ろうとする。娘は盲目だった。チャーリーはなけなしの銀貨を出して買い、おつりもとらない。娘は彼が金持ちだと信じた。それを悟って彼女を傷つけまいとそっと隅から見ているチャーリーだが、娘が捨てた花瓶の水を頭からかぶってしまう。その夜、チャーリーは

『街の灯』の盲目の少女の蝋人形
=Chaplin's World™ © Bubbles Incorporated S.A.

川で自殺しようとする金持ちを救う。感謝する金持ちからもらった金で、花売り娘の花をすべて買ってやった。

手術すれば娘の目は治ると知ったチャーリーは、手術代を稼ぐためボクシングの試合に出る。八百長で賞金を山分けするつもりだったが、相手が強力なパンチを持つ男に代わってしまった。リングでチャーリーは相手と自分の間にレフェリーをはさんで打ち合う。3人が1列になってステップを踏む場面は抱腹絶倒だ。パンチをくらって倒れそうになったチャーリーは自分でゴングを鳴らす。逃げ惑った末に、最後はあえなくノックアウトされてしまった。

何をしても金が入らない。しかし、あの金持ちから1000ドルをせしめて娘に届けた。最後の1枚のお札は自分用に残したが、娘から手に感謝のキスをされて感激し、それもあげてしまう。金を盗んだと疑われて刑務所に入ったが、出所したチャーリーはきれいな花屋を経営する娘を見る。手術が成功したのだ。

しかし、彼女は目の前の浮浪者が恩人だとは知らない。窓越しに彼女を見るチャーリーに気づいた娘は、憐れんで小銭を恵もうとする。彼女の手がチャーリーの手に触れた。その瞬間、娘は懐かしい感触を感じた。手のひらを触りなおして、娘は悟った。この浮浪者こそ自分の恩人だと。とまどいながら、つぶやく。「あなただったの」。チャーリーはもらったバラの花を口に噛みしめ、はにかみながら「見えるようになったんだね」とささやく。娘は彼の汚い手を握りしめる。ここは泣かせる。

ちなみに、大相撲の高安の化粧まわしに描かれたのは、このときのチャーリーの表情のクローズ・アップだ。「チャップリンズ・ワールド」の実物大の蝋人形は、街角で盲目の花売り娘がチャーリーに花を手渡す場面である。

この映画を作るにあたって、チャップリンは二つの物語を思いついた。一つは公演中の事故で目が見えなくなった道化師だ。道化師には病気の娘がいる。事故を告げたら娘は心配して病気が重くなるだろう。目が見えないのに見えるように装わなければならない。娘から散々笑われながら、涙ぐましい努力をする道化師の話だ。もう一つは金持ちが浮浪者を使った実験だ。金持ちが浮浪者を豪華な邸宅に連れて行き泥酔させたあと、元の路上に置き去る。正気に返った浮浪者はすべてが夢だと思い込む。道化師を花売り娘にし、二つの話を合成して『街の灯』のストーリーができあがった。

花売り娘が花を足元に落として手さぐりすることで盲目だと浮浪者が気づく70秒の場面がある。何度も撮り直したため、この部分だけで5日もかかった。チャップリンは「完璧《かんぺき》さをあくまで追求する神経症的な状況に自分を追い込んでしまっていた」と自伝で述べている。もともと完璧を目指す芸術家だったが、繰り返すうちに今や自分でも自覚する病的なほどの潔癖主義に陥ったのだ。

成功の頂点に立つ

映画の制作が始まったのは1927年だ。制作中の1929年10月にアメリカでは大恐慌が起きた。株価が大暴落し、世界を揺るがす経済危機を引き起こした。日本で1990年代に起きたバブルの崩壊が爆発的な規模で起きたといえば、少しは実感が湧くだろうか。

実はチャップリンも膨大な株を持っていたが、前年の1928年にすべての株と債券を引き揚げて売り払い、現金化している。それも、ドルより安全なカナダ金貨に替えた。映画の才能だけでなく、鋭敏な経済感覚も持っていた。

彼はイギリスの経済学者が書いた『社会信用論』という本を読んでいた。資本主義経済のシステムを分析した本だ。ただ読むだけでなく充分に読みこんで、「失業とは利益の損失と資本の縮小を意味する」ことを理解した。そしてアメリカの失業者が１４００万人に達したというニュースから、今や資本主義が破綻《はたん》したと見切って手を打ったのだ。

エピソードが残っている。大暴落の前日、チャップリンは作曲家と食事をした。作曲家は投資家でもあり、放っておいても資産が増えることに気を良くしていた。ところがチャップリンが持ち株を売りつくしたと知って、「お前はアメリカを見くびっている。非愛国者だ」と非難した。翌日、彼の財産は飛んで消えた。数日後、彼はチャップリンを訪ねて詫びを言い、「大暴落の情報をどこで得たのか教えてくれ」と頭を下げたという。

この作曲家の名はアーヴィング・バーリン。名高い「ホワイト・クリスマス」の作詞・作曲者だ。彼は最後まで流れてくる「情報」に左右されるだけだった。チャップリンは自分の頭で考えて経済を理解し、行動した。その違いが明暗を分けた。小さいころから一筋縄ではいかない社会に揉まれ、そのつど独自の判断を下さなければならなかった彼の人生から生まれた、生き方の哲学だろう。バランス感覚と言ってもいいだろうか。ときの流れを理解しつつ、周囲の空気に染まることなく自分の知識や感覚で判断を下し、断固として実行するのだ。

それは音楽の世界でも同じだった。

大恐慌の起きた1929年は、サイレント（無声映画）から音の出るトーキーに変化する年でもあった。その前から部分的に音声が採りいれられていたが、この年にミュージカル映画『ブロードウェイ・メロディー』が公開されて評判となり、もはやサイレント映画は時代遅れとみなされた。しかし、チャップリンはあくまでサイレント映画に固執した。「元来パントマイム役者で……その名人であると自負していた」（自伝）からだ。

とはいえ頭からすべてトーキーを排斥したのではない。音声が使えるメリットは利用した。『街の灯』で初めて、作品の中の音楽すべてをチャップリンが自分で作曲した。全編に多彩なメロディーが流れる。普通、喜劇映画と言えばバックには滑稽な曲が流れがちだし、このときも編曲者はそうしようとした。しかし、彼は「音楽は主人公に優雅さと魅力という情感を添える」と言って、敢えて「エレガントでロマンチックな」メロディーにした。

それを可能とする音楽の才能もあった。赤ん坊のころ、おもちゃで遊んでいても音楽が聞こえてくると遊びを止め、手で拍子をとり首を前後に振った。少年になると何時間もピアノを弾き、このころから自分で曲を作っていた。16歳で覚えたバイオリンの腕前は『チャップリンの放浪者』で早くも披露したが、同じ少年時代にチェロの演奏技術も身に付けている。

アメリカで映画俳優となって2年後には兄シドニーらとともに「チャールズ・チャップリン音楽会社」をロサンゼルスに設立し「ああ、あのチェロ」など3曲の楽譜を出版した。ところが2000部を出したのに、たった3部しか売れなかったという。それにもめげず作曲を続け、「スマイル」など名曲を世に残したのだ。成功して家を建てたときは、自宅に高価なパイプオルガンまで取り付けた。

『街の灯』は大恐慌による生活苦で荒廃していた人々の心を慰めた。サイレント映画は時代遅れだと思われたが、とんでもない。人々は列をなして映画館に詰めかけた。上映中、館内には大笑いの声が響き渡った。大野裕之氏はこの作品を「笑いに涙、そして冷徹な社会批評を、残酷なまでに美しい愛の物語に盛り込んだ、まさにチャップリン映画の全ての要素が詰まった最高傑作である」と絶賛している。

歌舞伎に化けた

評判を呼んだのはアメリカだけではない。日本でも大評判となり、映画だけでなく歌舞伎に化けた。浮浪者の「蝙蝠安《こうもりやす》」が目の見えない娘「お花」のためにさんざん尽くし、最後は金持ちの「上総屋新兵衛《かずさやしんべえ》」の金で工面する。映画のボクシングが歌舞伎では女相撲になり、冒頭の記念碑の除幕式は大仏の開眼供養にするなど、うまく日本風に仕立てた。

東京の歌舞伎座で『蝙蝠の安さん』が上演されたのは『街の灯』が封切られたのと同じ年

だ。映画雑誌に載った筋書きをもとに台本が書き上げられた。さらに大阪でも『青天井《あおてんじょう》』として上演された。日本では映画の上演よりも歌舞伎の方が3年先行したので、観客によっては歌舞伎をもとに映画が作られたと思った人がいたかもしれない。

チャップリンの映画を見るにつけ、そのアイデアの多彩さに驚く。どうしたらこれほど、とんでもないことを次から次に思いつくのだろうか?

その秘訣をチャップリンは自伝で明かしている。「アイデアは、一心不乱に求め続ければ訪れる」と。もう少し詳しく「アイデアはどうやってひらめくのか? その答えは、気も狂わんばかりにがまんし続けること。長期間にわたって不安感に押しつぶされながらも熱意を保ち続けられる能力が必要だ」と語る。

いくら天才だからといって、何もしないでひとりでにアイデアがわいてくるのではない。問われるのは、アイデアを生み出す能力ではない。アイデアをひねり出す努力なのだ。

ならばだれだって努力をすればいい。自分は天才ではないから、とがっかりする必要もない。そう思えば気は楽だが、「気も狂わんばかりに」がまんできるところが彼の天才たるゆえんなのだろう。それも生まれつきというよりも、少年時代の耐乏生活で育ったものであるのなら、幼いころの苦労がこんな形で報われたというべきだろうか。

チャップリンの映画に流れるのはユーモアだ。チャップリンは「ユーモアとは、一見正常な行動に見えるものから感じとれる微妙な食い違いだ。ユーモアを通して、論理的に思えることに非論理性をみつけ、重要に思えることに取るに足らない面をみつける。度が過ぎる真面目さの背後には滑稽さが潜んでいる」と語る。

たとえば『街の灯』の最初の場面だ。記念碑の上に寝ていた浮浪者を叱る上流階級が、国歌の演奏でサッと直立不動になる。弱者を怒鳴った直後だけに、そのギャップがおかしい。

『街の灯』のアメリカでの成功を見て、チャップリンはイギリス行きの船に乗った。当時を思い起こして「愛と名声、そして富に幻滅した私は、何に対しても無感動になっていた」と語っている。さらにこれからもサイレント映画でやっていけるのか、時代に取り残されるのではないかという不安も心に渦巻いていた。

そこで、これまでの集大成である『街の灯』をみやげに、まずは故郷のロンドンに凱旋することにした。さらに引き続いて世界一周し、旅の最後に日本を初めて訪れて歌舞伎を観たのだ。

第4章　風当りに抗して

ピカピカの硬貨

英雄として故郷に帰還する船は、もちろん貨物船ではない。豪華客船の、しかも飛び切り豪華なスイート・ルームだ。ロンドンの宿泊先も最高級のカールトン・ホテルの広々としたスイート・ルームだった。ホテルに足を踏み入れるたびに「黄金の天国」に入るような心地がした。金さえあれば楽しいのだ。そこで思い出したのが、金がなく惨めな少年時代だった。

チャップリンは、7歳から8歳までを過ごしたハンウェル孤児・貧困児学校を訪ねた。当時、母は救貧院に入れられ、兄はやがて船に乗った。最も孤独だった時代に暮らしたのが、この施設だ。訪れるには決心が必要だった。前回、アメリカからイギリスに帰国した際もいったんは行こうと考えたが、決心がつかなかった。

事前に連絡せず、突然の訪問だった。タクシーに乗って行き先を告げたが、かつての田園風景は消えて住宅街になっていた。学校はもうなくなったのだとあきらめようとしたところに、懐かしい校舎が現れた。彼が退校した33年前のままだった。

チャップリンが食堂に入ると、400人の子どもたちが歓声を上げた。チャップリンは回したステッキで足をたたき「イテテ……」という仕草をしながら、あの独特の飛び跳ねるような歩き方で演壇に上がった。ふいに後ろを向くと、壁を見ながら横に移動した。するとチャップリンの背がぐんぐん伸びた。子どもたちから驚きの声が上がった。実は両腕を伸ばしてオーバーを少しずつ持ち上げたのだ。帽子をオーバーの襟にうまくひっかけたまま。クルっと前を向くと、そのタネが分かり、子どもたちは爆笑した。

当時のロンドンの新聞にそのときの様子がこのように書かれている。子どもたちと別れるときには、次に来るときには映写機をプレゼントすると約束した。そして、ホテルに帰ったチャップリンは……声を上げて泣いた。

数日後、チャップリンは秘書に「私の生涯で最も感情を揺さぶられる経験だった……」と語りだした。「食堂の匂いをかぎ、あそこに自分が座っていて、あの柱の傷は自分が付けたのだということを思い出す……あの建物の中に入り、すべてと――惨めさと惨めでなかったものと――つながること……それはショックでもあった」。

思いもかけないほど成功した今、はるか昔の自分との落差を突然、実感したのだ。目の前の子どもたちが33年前の自分の姿と重なって見えた。この小さな椅子に縮こまり、孤独と不安におびえていた過去が脳に蘇った。一方で、自信満々でだれからも認められた今の自分が現にいる。不思議な感覚に浸ったのだ。

約束通りチャップリンは学校に映写機を贈った。子どもたち一人一人に袋入りの菓子とオレンジ1個、そして「チャーリー・チャップリンからのプレゼント」と書いた封筒が配られた。封筒にはピカピカの1シリング硬貨が入っていた。

チャップリンがこの学校に通った時代、救貧院に入れられていた母が半日だけ抜け出て、一家でピクニック気分を楽しんだことがある。そのとき、有り金すべてをはたいて買ったのが2ペンスのティー・ケーキや紅茶だった。1シリングは12ペンスに当たる。もちろん30年以上も前だから貨幣価値は違うが、当時を覚えていたチャップリンにとって、1シリングは夢のような価値として記憶されていただろう。「あのとき1シリングがあったら……」という思いを、今、同じような境遇に置かれた子どもたちにプレゼントしたのだ。

あのとき1シリングを金持ちが自分にくれていたら、母親に好きなだけ紅茶を飲ませてやれた。そうしたら母は精神病にならなくてすんだのに……と思ったかもしれない。

ガンディーと会う

チャップリンがロンドン滞在中に心を通わせた意外な人物がいる。後に首相となったウィンストン・チャーチルだ。このときは一介の下院議員にすぎなかった。彼はチャップリンが『街の灯』を撮影していたときにハリウッドのスタジオを見学に来て、チャップリンと意気投合した。チャップリンはチャーチルを「勇気と熱意と熱烈な興味を持って、人生という舞台でさまざまな役を演じてきた」と称えた。その点でチャップリンと同じなのだ。

二人の間で違ったのは出生の環境だ。貧民に生まれたチャップリンにとって人生は厳しく、貴族の家に生まれたチャーチルにとって人生は優しかった。生まれ育った環境、政治的な立場は全く違うが、だからといってうらやむでもさげすむでもない。人生への姿勢において通じ合うものがあれば充分だった。

チャーチルはチャップリンを郊外の屋敷に招いて親友のように話した。屋敷のレンガの塀を自分で積んだとチャーチルはこともなげに話す。驚くチャップリンに「教えてあげよう。5分もすればできるようになる」と話したという。

ロンドンに来ていたインド独立の闘士ガンディーに話が及んだとき、保守党の若手の政治家がガンディーを牢屋にぶち込むべきだと言った。チャップリンは「一人のガンディーを牢屋にぶち込んでも、またほかのガンディーが立ち上がりますよ。彼はインドの人たちが望んでいるもののシンボルなんです。だから、それを手に入れるまでは、次々と新しいガンディーが現れるでしょう」と口をはさんだ。このときチャーチルは「君はさぞかしいい労働党員になるだろうな」とほほ笑んだという。懐が深く他人の意見を尊重し、自分に反対する者にもけっして悪意を抱かなかったところがチャーチルの魅力だと、チャップリンは指摘する。

そのガンディーと会うことになった。チャップリンはガンディーの「政治的な慧眼《けいがん》と鉄の意志」につねづね敬意を抱いていた。場所はロンドンの貧民街にある粗末な家だ。

チャップリンは「インドの人々の自由に対する強い願望とそのための奮闘に、心からの共感を抱いています。とはいえ、あなたの機械嫌いには、いささか戸惑っていると言わねばなりません」と切り出した。当時、ガンディーはイギリス製の織機を拒否して昔ながらの糸車を回そうとインドの人々に呼びかけていた。そしてチャップリンは、機械をうまく使えば人々の労働時間も減り人生を楽しむ時間が増えるのではないか、と尋ねた。

ガンディーは「おっしゃることは、わかります」と前置きして答えた。「インドがそうした目的を達成できるようになるには、まずイギリスの支配から抜け出す必要があるのです。機械はかつて、私たちをイギリスに隷属させてしまいました。そうした隷属から抜け出す唯一の方法が、機械で作られた製品のボイコットなのです」。さらに究極的な独立とは、一切の不要なものを手放すことであり、暴力は結局のところ自滅をもたらすだけだ、とも語った。

チャップリンは「わたしはいわば、自由を勝ち取るために闘うインドの戦略について、明快な実践教育を受けたわけだった」と自伝で語っている。

このあと世界一周の旅をしてアメリカに戻ったチャップリンは、まさに人間と機械をテーマにした映画を制作する。

『モダン・タイムス』

羊の群れが走ってくる映像が、地下鉄の階段を上る労働者の群れに切り替わる。この社会で労働者は家畜のように扱われることをなぞらえる。彼らは巨大な機械が据えられた鉄鋼工場に急ぐ。

ベルトコンベアの前で両手にスパナを持ったチャーリーが、単純なナット締めの作業に追われる。テレビで作業を監視する社長の命令で、コンベアのスピードはどんどん速くなる。追いつくのに懸命なチャーリー。トイレにも監視テレビがあり、ゆっくり休憩もできない。

昼食時間を節約させようと自動食事機が導入され、チャーリーが実験台になる。スープを顔にぶっかけられ、回転しまくるトウモロコシを無理やりくわえさせられる。食後はコンベアのスピードがさらに上がり、チャーリーはコンベアに吸い込まれた。気がおかしくなって服のボタンでも何でも丸いものがすべてナットに見え、スパナで回そうとする。このため精神病院に送られるが、仕事をやめただけで病気は治った。

街に出ると不況のあおりで企業はあちこち閉鎖だらけだ。トラックの荷台から落ちた危険物標識の赤旗を拾って、落ちたことを知らせようと振っているうちに、デモのリーダーに間違われて逮捕された。脱獄囚の脱走を防いだ功績で釈放され、こんどは造船会社に就職する。しかし、建造中の船のくさびを抜いたため、未完成の船を進水させてしまった。何をしても失敗する。刑務所に行けば飯が食えると、無銭飲食をして逮捕される。

護送のトラックで出会った浮浪少女を演じるのは、3人目の妻となったポーレット・ゴダードだ。二人は真面目に働いて所帯を持とうと考えた。デパートの夜警となったチャーリーはローラー・スケートの妙技を見せる。目隠しをして滑り、今にも階下に落ちそうで……落ちない。しかし、ここもクビになり、工場で働くが失敗続きだ。少女はキャバレーのダンサーになり、チャーリーはウエイターに試験採用された。皿に料理を置いて客に運ぼうとするが、踊りの渦に巻き込まれてなかなかテーブルにたどりつけない。このあたり、ままならぬ人間の人生を見ているような気がする。ウエイターのあとは客の前で歌うことになった。

ここで見せた体の微妙な動きが、マイケル・ジャクソンのムーン・ウォークのヒントになったと言われるものだ。歌詞を覚えきれずカンニングのためシャツのカフスに英語で歌詞を書いてもらった。しかし、歌う前に両手を勢いよく広げたはずみでカフスが飛んでしまう。仕方なくフランス語風の国籍不明の言葉で「ティティナ」を歌う。この映画で唯一、チャップリンの肉声が流れる。おかしな歌詞だが、意味は分からずとも愉快な動きが客に大受けし拍手喝采。正式に採用された。

喜んだところが、パン泥棒のかどで手配されていた少女が警察に捕まった。なんとかすり抜けて逃走した二人は、疲れて夜明けの街道に座り込む。「どんなにあがいてもダメなのね」と泣く少女。しかし、チャーリーは「元気を出せ、前に進もう」と励ます。二人は手を取り合って、笑みを浮かべながら長い道を歩き出すのだった。

制作のきっかけは相手役のポーレット・ゴダードとの出会いだ。絵に描いたようなおてんば娘の彼女と浮浪者の組み合わせでストーリーができないかと考えた。社会悪を追及する新聞記者から、デトロイトの自動車工場のベルトコンベアのシステムが若者の精神を蝕んでいると聞いたときに、具体的なアイデアが湧いた。

この時期、ルーズベルト大統領によるニューディール政策が順調に進み、アメリカは大不況から脱しようとしていた。画面で見せるチャーリーの数々の失敗と試行錯誤。それはまさに当時のアメリカ社会の現実だった。映画の制作が終了した１９３６年は、経済政策の成果が表れてＧＤＰ（国内総生産）が不況前を上回った年でもある。映画の結末が明るいのは、楽観的なチャップリンの性格だけでなく、不況の出口が見つかりアメリカ社会に活気が出たことの反映でもある。

とはいえ、それまでのアメリカの資本主義からすれば、ニューディール政策はあまりにも革新的だった。保守的な連邦最高裁判所は政府の政策に対して次々に違憲判決を出した。ルーズベルト大統領が任期中に亡くなったあと保守派が反撃し、ニューディール政策を支持する者はアカ、共産主義者だと非難した。

同じ非難を『モダン・タイムス』も受けた。すでに公開前にこの映画は共産主義的だとうわさされた。一方で左派は社会批判が生ぬるいとケチをつけた。このため映画は思うほど評判が上がらず、興行収入は『街の灯』の半分にもならなかった。

嫌気がさしたチャップリンはポーレット・ゴダードを伴って、ハワイに向かう。サンフランシスコの港で「中国」の文字を見て、さらに太平洋を越えた。それがチャップリンの2度目と3度目の訪日につながったのは先に述べたとおりである。その日本で出会ったのが2・26事件だった。

日本もヨーロッパも、このころから急速に軍国主義が台頭し、世界はきな臭くなっていく。平和主義者のチャップリンは、その波をもろにかぶることになった。

『独裁者』

イギリスの映画監督コルダがチャップリンに「ヒトラーに関するコメディーを作ったらどうだ」と持ちかけてきたのは1937年だ。チャップリンの作品の浮浪者もヒトラーと同じようにチョビ髭をはやしているので、人違いで入れ替わることにしてチャップリンが一人二役やればいいと言う。そのときは聞き流していた。しかし、トーキーが普通となった時代にパントマイム主体の自分はどう対応したらいいかを考えているうちに、チャップリンの頭にアイデアがひらめいた。

「これだ！　ヒトラーに扮するときには、デタラメ言葉で演説し、浮浪者のときはほとんど何もしゃべらなければいい」。全面的にトーキーにしなくてもやっていけるし、何よりもパントマイムの灯を消さずにいられる、と喜んだ。

しかし、チャップリンがヒトラーを題材にしようとしているという話が伝わると、あちこちから妨害が入った。ナチスが台頭したドイツから非難されたのはそれなりに当然だろうが、イギリスの政財界にもヒトラーを刺激したくないという感情が強かった。このため映画が作られてもイギリスでは上映できないだろうと言われた。ヒトラーと当初は仲良くしていたスターリンのソ連も、映画の上映を許可しないと言ってきた。

それどころか、アメリカ国内でもヒトラー批判の映画を制作することに反対する声が多かった。ドイツ系の市民はたくさんいたし、保守層の中にはナチスに共感するアメリカ人も多かった。チャップリンのもとには国内から大量の脅迫状が届いた。上映すればスクリーンを銃撃し映画館に悪臭弾を投げ込むという脅しもあった。

ところが、ヒトラーがベルギーに侵攻しフランスが占領されると、状況はガラリと変わった。ニューヨークのユナイテッド・アーティスツ事務所から「映画の完成を急げ。みんな待ちこがれている」と電報が来た。

完成した映画で、チャップリンはユダヤ人の床屋に扮した。第1次世界大戦のドイツ軍をもじったトメニア軍の兵士となって戦場に出たが、負傷して記憶をなくす。入院中にトメニア国では独裁者ヒンケルが権力を握る。ヒンケルに扮したチャップリンはドイツ語をまねしたデタラメ語で演説をする。

床屋がようやくユダヤ人街の自分の店に戻ると、ポーレット・ゴダード扮する隣人の娘ハンナが迎えた。ヒンケルの親衛隊がユダヤ人街を襲い、抵抗した床屋は殺されそうになる。しかし、戦争中に彼が命を救った将校シュルツが親衛隊長になっていて、床屋は助けられた。

ヒンケルは官邸の部屋に置いた巨大な地球儀の風船を尻ではじきながら世界征服を夢見る。ヒトラーが好んだワーグナーのローエングリン序曲に合わせて無邪気に踊るヒンケル。一方、ユダヤ人街では床屋が客の髭を剃る。流れるのはブラームスのハンガリー舞曲第五番だ。ナチスが虐殺した「ジプシー」ことロマ民族の旋律である。剃刀を手にするチャップリンの動きが曲とぴったり合う。曲を使った芸……これぞ本当の「曲芸」だとしゃれの一つも言いたくなる。チャップリンは貧しい少年時代に床屋で髭剃りの泡立て係として働いたことがある。その経験がここで生きた。

　ヒンケルはユダヤ人を絶滅せよと命じ、反対したシュルツを逮捕する。大迫害が始まった。ユダヤ人街を親衛隊が襲い、床屋の店は爆破される。追い詰められたユダヤ人たちはヒンケルの暗殺を企てる。数人が集まり、目の前に置かれたケーキに銀貨が入っていた者が実行することになった。だれもやりたくないので、なんとか逃れようとする。いくら正義をかざしても命は惜しいという人情が透けて見えておかしい。

　床屋とシュルツはついに捕まって強制収容所に入れられた。ハンナたちは隣のオスタリッチ国へ難民となって逃れる。ヒンケルの官邸にイタリアのムッソリーニを模したナパローニがやって来た。二人はいずれも自分が相手より偉大だと見せようとし料理を投げ合って大ゲンカするが、最後はお互いの利益のために折り合う。見栄っ張りで欲得ずくの独裁者の体質をうまく茶化した。

　床屋とシュルツが収容所から脱走すると、湖ではヒンケルがカモ猟をしていた。水に落ちたヒンケルは、顔がそっくりな床屋と間違われて連行される。逆に床屋はヒンケルだと思われ、進軍する車に乗り込む。トメニア軍が侵略したオスタリッチ国のスタジアム。床屋は群衆を前に演説することになった。床屋に扮したチャップリンは、そこで映画史に残る６分の演説をする。

映画史に残る6分の演説

映画の最後に演説を入れるのは冒険だった。せっかくそこまで喜劇の風刺が利いているのに、真面目な演説を入れると一転してシリアスになる。チャップリンの意見を押し付けるプロパガンダと誤解されるのではないか。スタッフからは「映画にそぐわないし、悪趣味だ」と言う声も出た。

フィルムのセールスマンは、こんな演説を入れると興行収入が100万ドルは減るだろうと反対した。するとチャップリンは反論した。「500万ドル減ったところでかまうものか。私はどうしてもやるぞ」。

それほどの思いで出した6分の演説。チャップリンの言葉を借りれば「世界に向けて出す崇高な声明」。そのエッセンスは、こんな内容だ。

「私は皇帝なんかになりたくない。だれをも支配、征服したくない。私たちはお互いを助けたいと思っている。人間とはそういうものだ。お互いに悲しみながらでなく、幸せに生きたい。兵士諸君、獣《けもの》に身をゆだねてはならない。彼らはあなた方を奴隷にし、大砲の餌として使う。あなたは機械ではなく人間なのだ。心に人類愛を持つ人間だ。兵士たちよ、隷属のためでなく自由のために闘おう。あなた方には幸せを築く力がある。人生を自由で美しいものにする力がある。民主主義の名のもとに、その力を使おう。新しい世界のために団結して闘おう。世界を自由にするために闘おう。国の壁を取り外し、貪欲、憎しみ、不寛容を追い払おう。理性的な世界のために闘おう」。

兵士たちを前に高らかにこう語ったあと、床屋は愛するハンナに呼びかける。「ハンナ、僕の声が聞こえるかい。見上げるんだ。雲は切れ、太陽の光が射しこもうとしている。ぼくらは暗闇から光の、新しい世界に入ろうとしている。人々が貪欲さと憎しみと残忍さを克服した世界に。見上げるんだ、ハンナ。人間の魂は翼を得て、虹に向かって羽ばたこうとしている。ハンナ、見上げてごらん」。

これを「ユートピア的な理想主義」と揶揄《やゆ》した頭が固い部下は、撮影のさいにセットから追い出された。ちなみにハンナというのはチャップリンの母の名前である。

演説について右派の新聞は、チャップリンが観客に共産主義の指を突きつけたと非難した。左派からはセンチメンタリズムだという批判が出た。映画批評家も「映画になじまない」という反応が多かった。しかし、大半の観衆は大いに気に入った。ハリウッドの監督の一人はクリスマス・カードにその全文を印刷したいと、チャップリンに許可を求めた。

映画が完成し上映されたのは1940年だ。チャップリンの呼びかけはそれから80年を経た今日でも、全く色あせていない。

もっとも、チャップリン自身、最初は別の案を持っていた。演説で世界に文字通り平和を呼びかけ、それが具体的な反応を呼び起こすという内容だ。中国の都市を爆撃する日本の戦闘機乗りに「誇り高いあなたは無防備な人々を殺すなんてできない」と言う声が届くと、飛行士は爆弾の代わりにパラシュートでおもちゃを落とす。閲兵式で行進する兵士に「行進なんて人間らしくない。踊ろう」と呼びかけると、兵士は銃を置いてダンスを踊る。突撃隊員は身を挺して幼いユダヤ人の少女を突進する車から守る。こんな場面が実際に撮影された。お蔵入りとなったのは惜しい気がする。

狂気に対抗する笑いの力

チャップリンとヒトラーが似ているのはチョビ髭だけではない。二人は生まれた年も月も同じだ。チャップリンは1889年4月16日が誕生日だ。ヒトラーは4日後の4月20日である。しかも、トレードマークのチョビ髭をつけた年も同じで1914年だった。

明白に違うのは弱者に対する姿勢だ。ヒトラーがユダヤ人やロマ民族を憎悪して虐殺したのと対照的に、チャップリンは彼らの中に身を置いた。そもそも彼の中にロマ民族の血が入っていたことも大きいが、貧民街に育った彼は幼いころから弱者の立場にいた。チャップリンは「私はこの映画を、全世界のユダヤ人のために、独裁者どもを憎むために、人々を笑わせるために作りました」と述べている。

その最後で「人々を笑わせるため」と語った言葉には、解説が必要だろう。彼はそこに強い意味を込めた。『独裁者』の制作中、周囲の反対が強く撮影が一時、中断したことがある。そのときチャップリンは「今以上に世界が笑いを必要としているときはありません。このような時代においては、笑いは狂気に対しての安全弁となるのです」という談話を発表した。

笑いは、逃げでもあきらめでもない。どんなひどいことも笑い飛ばすことで人間性を保つことができる。全てを奪われた者にとっても、笑いは最後のよりどころとなる、とチャップリンは笑いが持つ力を示したかったのだ。

ナチスから亡命したドイツ人の心理学者で『芸術としての映画』の著書もあるルドルフ・アルンハイムは「チャップリンは、人間の笑いという秘密の武器を持つただ一人の芸術家である。その笑いは、ひとりよがりに敵をあなどって危険に目を向けない表面的なあざけりではなく、暴力を、死の脅威をさえ軽蔑する賢者の、心からの笑いなのだ。なぜなら、彼はその裏に、敵の精神的な弱さと愚かさ、嘘を発見しているからである」と語った。

日本の戦時中、川柳で軍国体制を風刺し、治安維持法で逮捕された人がいる。鶴彬《つるあきら》だ。戦時中の困難な状況の中、「手と足をもいだ丸太にしてかへし」「正直に働く蟻《あり》を食ふけもの」など反戦と人間性を説く川柳を作り続けた。彼はまさに徒手空拳《としゅくうけん》、笑いを武器に闘った。徴兵されて入隊しても陸軍記念日について質問して重営倉《じゅうえいそう》の処分になるなど、権力に屈しなかった。最後は留置された警察署で赤痢にかかり死亡した。官憲に赤痢菌を注射されて虐殺されたと言われる。このような人物も現にいた。

現代の日本でも、山田洋次監督の喜劇『男はつらいよ』シリーズが作られた。主人公は時代や世間の常識からはずれた、また、それだからこそ管理社会でまともに人間性を貫けるやくざな「寅さん」だ。笑いをもって時代のおかしさ、人間性を保つ大切さを指摘した。舞台の世界でもチャップリンばりのパントマイムで権力を揶揄《やゆ》する松元《まつもと》ヒロ氏、週刊誌の漫画で政治家を痛快にこき下ろす「さらん」ちゃんこと西岡由香《ゆか》さん。ヒトコマ漫画で時代を切り取る山井教《やまのいのり》雄《お》氏ら。チャップリンの笑いの系譜は、日本でも連綿と続いている。

映画に出て来るヒンケルがヒトラーをもじったのはすぐにわかるが、国の名のトメニアは、死体が分解するときに出る毒素プトマインが語源だ。こんな国にいたら死にますよ、という警告である。ムッソリーニの役割のナパローニは、ナポレオンとマカロニの組み合わせ。ナチスの宣伝相ゲッペルスにあたるガービッチは英語の「ゴミ」を指すガービッジから。ナチスの徽《き》章《しょう》はカギ十字だが、ヒンケルの党の徽章はダブルのバツ印だ。二重にダメです、と言いたいのだ。チャップリンはダジャレ風に面白がりながらシナリオをひねり出したのではないかと思うと、さらに笑ってしまう。

『殺人狂時代』

ナチスの大量虐殺を喜劇で弾劾《だんがい》したあと、チャップリンは戦争そのものの愚かさに目を向けた。支配欲からおこす侵略戦争を否定するのはもちろん、人間を殺すことで勲章が与えられ「英雄」が生まれることへの疑問を呈したのだ。それは必然的に、国家システムを敵にまわすことになった。

チャップリンは自伝で「良い喜劇はあらゆる問題を解決するという信念が揺らいだことは一度もなかった。『殺人狂時代』を完成させたのも、この確固たる信念があったからである」と堂々と述べている。

こうして作られた映画の主人公ヴェルドゥは殺人鬼だ。金のために見境なく人殺しをする。それも女性を狙って……。これまでのチャップリン映画に出て来るお人よしで貧しい放浪紳士の対極にある姿だ。

ヴェルドゥは平凡な銀行員だったが、大恐慌のため失業した。病気の妻と子どもを養うために悪事に手を染める。金持ちで中年の独身女性に言い寄り、偽りの結婚をしては殺して所持金、保険金を奪う。殺した女性は10人を超す。とはいえ根は善人だ。庭の花を摘みながら、地面をはう毛虫を葉の上に置いてやる優しさを備えている。

しかし、こうして蓄えた金も、株の暴落で消えた。彼が一連の事件の犯人であることも明らかになり、死刑を宣告される。刑の宣告の前に彼は述べる。「大量殺人については、世界が奨励している。大量殺人のために破壊兵器を製造している。戦争は罪のない女性や子どもを虐殺する。それから見れば、私などはアマチュアだ。殺人はひとつの事業であり、それによってあなた方の『体制』は繁栄し、産業は栄えている」。そして処刑を待つ間にこう言う。「1人を殺せば悪者で、100万人を殺せば英雄になる。数が殺人を正当化する」。

チャップリンはここで明確に戦争を悪として退けた。絶対的な平和主義への進化だ。『独裁者』ではファシズムに対抗するために戦おうと主張したが、ここに至って戦争そのものが持つ非人道性を指摘した。戦争とは要するに国家規模の大規模な人殺しであり、暴力的な手段で争いを解決すべきではないという主張を打ち出した。さらに戦争によって利益を得る経済の仕組みを非難した。これによってアメリカの政界、財界、とりわけ軍需産業界や軍人たちを敵にまわすことになった。

構想のきっかけは『第三の男』を作ったオーソン・ウェルズの提案だ。「青髭《あおひげ》」と呼ばれたフランスの女性殺人鬼の映画を作りたいので、チャップリンに主人公として映画に出てほしいと依頼した。その話は立ち消えになったがヒントにはなったので、完成した『殺人狂時代』には「原案オーソン・ウェルズ」という文句が入っている。

チャップリンはこの作品を「極悪非道のユーモア、苦々しい皮肉、そして社会批判を盛り込んだ」と説明する。コンセプトがはっきりしていたため、撮影には3ヵ月しかかからなかった。彼としては最短記録である。

ところが、思いがけない横やりが入った。日本の映倫に当たる映画制作倫理規定管理局に脚本を送ると、「映画全体を上映禁止にする」という決定が下ったのだ。管理局と言っても、実質的に運営していたのはカトリックの宗教組織である。「結婚詐欺で女性を欺いて財産を横領する詐欺師の物語であり、不純な性行為という不愉快な雰囲気がまとわりついている点が認められない」と言ってきた。

チャップリンが事務所に出向くと、「あなたは社会とアメリカ全体を非難しています」とけんか腰で言われた。「社会は完全無欠ではないのだから、それを批判して何が悪いのですか」とチャップリンは応じた。様々なやりとりのあと、ようやく許可された。

しかし、戦争を否定されて怒ったのが、退役軍人でつくる全米在郷軍人会だ。自分たちは国家のために命をかけて尽くしたのに、それを人殺しの犯罪と同列にするチャップリンはけしからんと、上映反対運動をくりひろげた。「チャップリンをソ連に送れ」「チャップリンは恩知らずの共産主義シンパ」と書いたプラカードを映画館の前で掲げ、映画を見に来た人々が館内に入れないようにした。チャップリンの映画を上映すれば1年間にわたってボイコット運動をするぞという脅迫状を映画館に送った。このため封切りのときは客が満員だったのに、その後は上映を中止する映画館も出た。

なぜ、こんなことになったのか。そこには状況の変化があった。チャップリンは、より平和に向けて進化したが、アメリカ社会と国際政治は逆に陰湿な争いに向かったのだ。

つるし上げ

大恐慌のアメリカをニューディール政策で救ったルーズベルト大統領が第2次大戦中に病死した。あとを継いだのが副大統領のトルーマンだ。日本への原爆投下を命じ、謀略機関として悪名高い中央情報局（CIA）や国防総省、その諜報機関も創設したことで評判が良くない政治家である。彼はニューディール政策が反アメリカ的だったとして、ルーズベルトのリベラルな政策をことごとくタカ派に転換した。

イギリスのチャーチルは首相を退任後の1946年、トルーマンに招かれてアメリカの大学で名高い「鉄のカーテン演説」をした。「バルト海のシュテッティンからアドリア海のトリエステまで、ヨーロッパ大陸に鉄のカーテンが降ろされた」。世界、とりわけ欧州が東西両陣営に分断された状況を端的に表わす言葉だ。

このころ世界はアメリカが主導する資本主義陣営と、ソ連を盟主とする共産主義陣営が対立する冷戦の時代に突入した。トルーマン大統領は共産主義の封じ込めを狙うトルーマン・ドクトリンを掲げた。米国とソ連は核兵器を開発する軍拡競争に突入し、世界は急速に敵対ムードに陥った。

アメリカ社会も急速にとげとげしくなった。政府は徹底した反共政策を掲げ、そのために共産主義者はもちろん社会主義者やリベラルな知識人、芸術家らを国家に反逆する非国民として取り締まり、ためらわずに排除した。

チャップリンもその波をかぶった。『殺人狂時代』の上映後に記者会見をすると、記者たちは映画でなく彼の政治信条について質問した。最初の質問が「あなたは共産党のシンパだと言われます。政治信条を明らかにしていただけますか?」だ。チャップリンは「人生はとてもテクニカルになりつつあって、縁石からおりるときすら――左足から先におりると、共産主義者だと非難されます」と吹き出すような答えを真面目に話したあと、「私は政治信条などというものは何も持っていません。これまでの人生で政党に属したことは一度もありません」と言った。そして「戦争中私はロシアにとても共鳴《シンパサイズ》しました。……ロシアは連合国に勝利をもたらすために、相当量の戦いを行ない、死者を出しました。その意味で、私はロシアに共感《シンパセティック》していますと思うまま正直に答えた。

冷戦下で敵対するロシア、つまりソ連への共感を表明するのはとても勇気が必要だった。しかし、チャップリンはひるむことなく率直に話した。戦時中にチャップリンは、ナチスと戦い多くの犠牲を出しているソ連を救うため、アメリカが参戦すべきだと演説してまわったことがある。それはアメリカ政府から頼まれたからだった。駐ソ連の米国大使がソ連の戦禍を救済するためスピーチすることになっていたが、直前に喉頭炎で声が出なくなった。代わりに話してくれるよう、アメリカ政府の高官からチャップリンが依頼されたのだ。

ところが、このときソ連を擁護したことから戦後、チャップリンはソ連びいきのアカだという反感がアメリカに広まった。戦時中のこの行動についてもチャップリンは「私は自分の心にあること、考えていること、正しいと感じたことをしゃべりました」と、自分の正当性を堂々と主張した。このためほとんどつるし上げの状態に陥った。

ようやく映画の質問になったが、意地悪い質問ばかりだ。「現代の文明は大量殺人者を作っているという主人公ヴェルドゥの考えに、あなたは賛成なのか？」と聞かれたチャップリンは「私は生涯を通じてずっと暴力を忌み嫌い続けてきました。原子爆弾は人類の発明のなかでももっともおそるべきもの」ですと語った。ソ連からアメリカを守るためには原子爆弾が必要だ、という当時のアメリカ国民の常識の中でこう断言するのは、アメリカ中を敵にまわすようなものだ。とても勇気が必要だった。平和主義者としてのチャップリンの信念の強さがここにも現れている。

ＦＢＩとの闘い

このころ、チャップリンのあら捜しをしてアメリカから追放しようと、しきりに画策する国家機関があった。米連邦捜査局（ＦＢＩ）である。チャップリンは自伝で「エドガー・フーヴァーと彼のＦＢＩについて、一言触れておかねばならない」と切り出している。フーヴァーとはＦＢＩの初代長官だ。チャップリンとフーヴァーは食事の席で会って、顔を突き合わせて話もしている。

そのときチャップリンはジョーン・バリーという女性から「チャップリンの子を産んだ」と、父親の認知訴訟を起こされていた。彼女は映画に自分を出してほしいとチャップリンにつきまとい、夜中にチャップリンの家に押しかけて窓のガラスを割る騒動を起こしていた。血液検査でチャップリンの子ではないとはっきりわかったのに、裁判では無理やり有罪に仕立てられた。

チャップリンを追いこむために暗躍し、単なる民事訴訟を抜き差しならない泥沼の状況にして刑事事件に仕向けたのがFBIである。チャップリンは危うく懲役20年の刑に服するところだった。「FBIは検察側の証拠集めにどっぷり関与していた」と彼は怒りを込めて語る。

FBIが最初にチャップリンに目を付けたのは1922年だ。『キッド』が公開された翌年である。チャップリンが労働運動のリーダーの歓迎会を開き「サロン的共産主義者」やハリウッドの急進派が集まったという情報を、FBIの捜査官が情報として本部に報告した。

その後、チャップリンについての単なる噂話《うわさ》さえ、まことしやかに報告されるようになった。クリスマスにアメリカ共産党に多額の寄付をした匿名の人物がいて、これはチャップリンではないか、など。第2次大戦中にチャップリンがソ連と共同でナチスと戦わなければならないと各地で演説するようになると、FBIは完全にチャップリンを「赤のシンパ」と位置付け、それを証明するような証拠の収集が命じられた。

長官のフーヴァー自身が現場の捜査官に檄を飛ばし、チャップリンを陥れる情報の収集をけしかけた。捜査官たちはチャップリンについてどんな些細なことでも共産主義にかこつけて報告するようになった。左翼の組織がチャップリンの映画をほめたといっては書き、チャップリンがソ連の映画を見た、ロシアの作曲家ショスタコーヴィッチのコンサートに出席した、といってはその模様を報告した。それが溜まるにつれ、ＦＢＩはチャップリンを破壊活動の黒幕のように考えた。

父親認知訴訟が起きると、ＦＢＩは色めきたった。これでチャップリンを投獄できると踏んだのだ。フーヴァー長官は特別捜査官に命じて、彼を有罪にする証拠を集めさせた。血液検査でチャップリンが父親ではないと明白になっても、その検査が不正に行われたのではないかと執拗に調べた。

しかし、どんなに疑いの目で見ても、チャップリンをおとしめる証拠が出ない。「チャップリンが過去または現在、共産党員であることを証言できる人物、あるいは彼が共産党に資金を提供したことを証言できる人物は一人もいないことが確定した」と最終報告を出したのは１９４９年である。

非米活動委員会がチャップリンに対する召喚をあきらめたときだ。

ＦＢＩが扱うのは州を越えた広域な刑事事件だけではない。特徴は、むしろ政治、公安警察である。戦前の日本で国体護持のため共産主義者や労働運動家たちを拘束し虐殺した特別高等警察（特高）に当たる。日本の特高は戦後に廃止されたが、アメリカのＦＢＩは今も生きている。２００１年のアメリカの「９・１１」テロの直後、アメリカ全土で外国人の盗聴を始めたのもこの組織だ。当時、朝日新聞ロサンゼルス支局長だった私の自宅も盗聴された。

この非米活動委員会との闘いが、チャップリンとＦＢＩの闘いのクライマックスとなった。

非米活動委員会の捜査の実働部隊となった主任調査官やスタッフは、ほぼ全員がＦＢＩの元捜査官だった。

「アカ狩り」

『殺人狂時代』を再編集していたチャップリンに、連邦保安官から電話がかかった。ワシントンの非米活動委員会への出頭を求める召喚令状が届いたのだ。

アメリカの議会に設けられた非米活動委員会は、もともとナチスのスパイ活動を調査する目的で設置された。ところが、委員になったのは超保守派、白人優位主義者、反ユダヤ主義者たち。一言で言えば極右の議員たちだ。国内の共産主義者をあぶり出して社会から排除しようとした。いわゆる「アカ狩り」である。その先頭に立った上院議員、マッカーシーの名をとってマッカーシズムと言う。

自由な国を標榜《ひょうぼう》するアメリカは、このため中世の魔女狩りのような暗黒時代に突入する。中でも目立ちやすいハリウッドの映画人が標的となった。その最初のやり玉に挙がったのがチャップリンだ。

米議会で非米活動委員会の委員であるジョン・ランキン議員が発言した。「司法長官に、チャーリー・チャップリンを国外追放するための訴訟を起こすよう要請します。彼はアメリカの市民になることを拒否し続けております。彼がハリウッドにいること自体が、アメリカの体制には有害なのです。……今すぐ彼を国外追放処分にして追放すべきであります」。

その令状がいよいよ来たのだ。このとき召喚されたのはチャップリンを含めて19人いた。そのうち10人が尋問の場で黙秘権を行使して法廷侮辱《ぶじょく》罪に問われ、1年間収監された。「ハリウッド・テン」と呼ばれる。『ローマの休日』のシナリオを書いたドルトン・トランボもその一人である。

しかし、チャップリンは別扱いだった。彼は令状が発行される予定だと聞いたときに先手を打った。議員に対して「御招待を、かくも早々に受諾することをお許しください。新聞によりますと、貴殿は私に共産主義者かどうかをたずねる御意向ということでした。……私は共産主義者ではありません。平和論者です」という電報を送り、それが新聞に掲載された。議会からの召喚と言えば国家体制を相手にすることになる。しかも悪意に満ちた権力者たちによって上から目線の尋問をされる。できれば意志を曲げてでも避けたいと考えがちだ。しかし、チャップリンは恐れずに悠々と対処した。

このとき実際に非米活動委員会に呼び出されたら、自分はこうしただろう……とチャップリンは述べている。「私は例の浮浪者のいでたち——だぶだぶのズボンに山高帽、ステッキ——

で出席して、質問されたら滑稽《こっけい》な手法を駆使して質問者たちを物笑いの種にしてやったことでしょう」「証言できたらよかったのに。そうしたらテレビを見ている人々に、非米活動委員会などと言うものの存在を笑い飛ばしてやったことでしょう」。なんと自信満々だったのだ。

召喚令状には、出頭の日時をあとで連絡すると書いてあった。しかし、すぐに電報が届いて、通知は10日間延期になった。さらに10日間延期になった。その時点でチャップリンは議会に電報を打った。「度重なる延期のため組織の活動が滞って多大な損害を被っています。ご参考のために、お知りになりたいことを表明しておきます。私は共産主義者ではないし、政党や政治的組織に属したことも一切ありません。私はいわゆる平和屋にすぎないのです。ともあれ召喚日時を確定していただければ幸いです」。

すると、思いがけない返事が届いた。「出頭は必要なく、この一件は落着したものとみなされたい」と書かれていた。

一連の成り行きに驚く。彼を陥れようとする政治のプロを前にしてビビるどころか、逆に手玉にとったのだ。ビビったのは権力者の方だった。希代《きたい》の喜劇俳優によって公衆の面前で自分たちの化けの皮がはがされることを恐れたのだ。

しかし、ＦＢＩはあきらめなかった。その後も執念深くチャップリンを追いかけた。チャップリンの死後も、霊媒師を雇って、死後のチャップリンを呼び寄せて尋問しようとしたと言う。とことん人を疑い蹴落とそうとする非人間的な組織を象徴するエピソードである。

初恋から結婚へ

女性問題のこじれがチャップリンを政治的な窮地に追い込んだことを書いたが、ここでチャップリンの女性関係を、通して見てみよう。

チャップリンが19歳のときの初恋の相手、当時は15歳だったヘティは後に病死した。その前に会える機会があったのに、ぐずぐず思い悩んで会いに行かなかった。それが一生の悔いとなった。ヘティはチャップリンの心に理想の女性像を刻み込んだ。後の映画作りで、主演する女優に「ヘティはこんな風だった」とヘティのようにふるまうことを求めている。男にとって初恋とは、かくも尾を引く存在である。

次に心を揺さぶられたのは19歳のエドナ・パーヴァイアンスだ。エッサネイ社時代に『アルコール夜通し転宅』で女優として映画デビューして以来、チャップリンが監督をした作品69本のうち半分を超す35本でヒロインとなった。それだけチャップリンと身近にいたが、身近すぎて空気のような存在になったのか、結婚には至らなかった。

彼女は生涯、結婚しなかった。チャップリンの映画に出演しなくなったあとも、晩年までチャップリンが載った新聞記事を切り抜きして大切に保管した。チャップリンも彼女にふさわしい役を用意しようと最後まで努力した。『殺人狂時代』では主役に抜擢しようとした。しかし、適役ではないとわかって断念した。チャップリンは彼女が亡くなるまで給料を払い続けた。彼女はそれに感謝してスイスの彼のもとに1956年、手紙を送っている。その最後は「つねに変わらぬ愛を込めて、エドナより」だった。この手紙から1年あまりして、彼女はがんで亡くなった。

チャップリンの最初の結婚相手はミルドレッド・ハリスだ。美しい金髪娘で10歳のときから端役で映画に出演し、チャップリンが出会ったとき彼女はすでに女優だった。『担へ銃』の封切りから3日後、二人は結婚した。チャップリンは29歳、彼女はまだ16歳だった。

チャップリンが彼女に求めたのは、仕事に疲れた彼を家庭で慰めてくれる妻だった。ミルドレッドが求めたのはスターだった。しかもチャップリンに結婚を決意させたのは彼女の妊娠だったが、それはウソだった。最初から食い違っていただけに、破綻は早かった。

結婚して間もなく、チャップリンが知らないうちに彼女は他社の映画の主役になる契約を交わした。けんかの応酬となった。チャップリンがくたびれて帰宅すると、ミルドレッドは自宅で盛大なパーティーを開いていた。夕方に帰宅すると一人分の夕食が用意されていて、チャップリンは一人ぼっちで食事した。もはや二人は口もきかなくなった。息子が生まれたが、数日で亡くなった。最後には25万ドルの慰謝料で離婚が成立した。のちに彼女は「私が若すぎて、才能豊かな、この気分屋の男を理解できなかった」と語った。

チャップリンはこのあとポーランド生まれの女優ポーラ・ネグリに一目ぼれした。3ヵ月後には婚約したが、わずか2ヵ月で破棄する。性格の不一致がお互い、すぐにわかったのだ。

ウーナ夫人との出会い

ミルドレッドと結婚する前、ハリウッドのカフェでチャップリンは幼い女の子にキャンディを買い与えたことがある。『キッド』ではこの子を天使の役につけた。可愛かったのだ。『黄金狂時代』では当初、ヒロインに抜擢し、芸名をリタ・グレイとした。チャップリンは彼女が妊娠したと聞いて、結婚に踏み切った。チャップリンが35歳、リタは16歳だった。またもや未成年である。

アメリカでは未成年との結婚は許されないので、メキシコに行って式を挙げた。妊娠のため彼女はヒロインから降り、結婚から7ヵ月後に男の子が生まれた。チャップリンは自分と同じ名前を付けた。チャールズ・チャップリン・ジュニアだ。さらに次男が生まれ、チャップリンは自分の兄の名を付けた。シドニー・チャップリンだ。長男が生まれてわずか9ヵ月後だった。

チャップリンは、こんどこそ平穏な家庭が得られると思ったが、違った。『サーカス』の制作から疲れて帰宅すると、自宅では大騒ぎのパーティーが開かれていた。怒ったチャップリンは客を全員、追い出した。ついでに妻も、同居していたその母親、祖母も追い出した。離婚訴訟となり、リタはチャップリンの全財産の差し押さえを求めた。世間は若い母親に味方し、チャップリンは非難を浴びた。

そんな中、ユナイテッド・アーティスツ社の会長から、ヨットで週末を過ごさないかと誘われた。気分転換にもってこいだと思って乗ると、そこにいたのがポーレット・ゴダードだ。彼女は『モダン・タイムス』『独裁者』に主演した。1936年に日本までいっしょに船旅をし、途中の中国で結婚したとされる。このときチャップリンは47歳、ポーレットは26歳。チャップリンは彼女をはっきりと「妻」と呼んでいるが結婚を記した書類がなく、法律上も結婚したのかどうか不明だ。事実婚ではないかと言われる。

ポーレットは6年後にチャップリンと別れた。妻であるよりも映画俳優でいたいという気持ちが強かったのだ。だから別れたあとも二人の関係は良かった。やがてポーレットは『西部戦線異状なし』を書いたドイツ生まれの作家エーリッヒ・マリア・レマルクと再婚した。チャップリンと同じくスイスに住んだが、スイスで二人が出会うことはなかった。

ポーレットがいなくなった心の間隙に滑り込んできたのが、問題のジョーン・バリーというセクシーな女の子だ。チャップリンは自分が脚本を書いていた映画『影と実体』に出演させようとした。しかし、彼女は演劇の授業をさぼるなど奔放な性格がむき出しとなったため出演をやめさせ、故郷に戻る汽車賃を払った。すると彼女はチャップリン邸に夜中に押しかけて窓ガラスを割り、ピストルを手にチャップリンを脅迫した。これがハリウッドのスキャンダルとなり、ＦＢＩにうまく利用されてチャップリンの信用を落とすことになったのだ。

そのとき現れた救い主がウーナ・オニールだ。ノーベル賞作家ユージン・オニールの娘である。『影と実体』の主役を探していたチャップリンの目にかなった。いや、それ以上だった。「彼女のユーモアのセンスとその寛容力に何度となく驚かされた。彼女は常に相手の立場でものを考えられる人なのだ。……私はウーナと恋に落ちた」と自伝で告白している。

最も辛い時期に、最も自分を理解し優しく包んでくれる理想の女性に会えた。会ったときウーナは１７歳だった。未成年好きという批判をかわすため、ウーナが１８歳になるのを待って結婚した。チャップリンは５４歳になっていた。

『ライムライト』

国家組織を挙げての圧力にも、チャップリンは屈しなかった。その背景にあったのは大衆の支持だ。国家組織からは迫害されても、「アメリカの一般大衆の愛情を完全に失ったとは思っていなかった」とチャップリンは自伝で語る。めげるどころか、次の映画を作ろうと考えた。「その映画は世に出てしかるべき作品だった」と彼は言う。それが『ライムライト』だ。

ライムライトとは、舞台の照明に使われるスポットライトのことだ。スターはその光の中で観客の視線を一身に浴びる。光に照らされているうちは、いい。しかし、光が当たらなくなったら……。映画の冒頭、別名を「テリーのテーマ」と呼ばれる「エターナリー（いつまでも）」の切ない曲に乗って文字が出る。「魅惑的なスポットライト、そこに若者が登場すれば、老人は去らねばならない」。

落ちぶれた芸人カルヴェロが酔った足取りでアパートに帰る。部屋から漏れるガスの臭いをかぎつけ、自殺しようとした娘テリーを救う。彼女はバレリーナだったが精神的なショックのため歩けなくなり、人生に絶望したのだ。カルヴェロは彼女を励まし、商売道具のバイオリンを質に入れてまで面倒をみる。

もう踊れないと嘆く彼女に、老芸人は「人生は美しくすばらしい。クラゲにさえ」と言い、「死とともに避けられないことがある。生きることだ」と諭す。「人生に必要なのは勇気と想像力、それに少しばかりのお金だ」とも。このあたり名言が続く。歓喜と苦難を生きたチャップリンの人生訓が、ユーモアをたっぷり交えながら泉のように湧き出て来る。

カルヴェロ自身、娘を励ましているうちに元気になって舞台に臨んだが、さんざんな失敗に終わった。もう自分の人生は終わりだと絶望して泣く。その彼を励まそうとしたテリーは、知らないうちに歩いていた。再び舞台で踊ることができるようになったテリーはカルヴェロに求婚するが、彼は取り合わない。晴れの舞台でテリーはまた足が動かなくなった。カルヴェロはテリーの頬をたたいて舞台に出す。そして舞台裏で跪《ひざまず》いて、踊りがうまくいくように祈った。

彼女は成功した。しかし、カルヴェロ自身は芸のまずさを指摘された。テリーを慕う若い作曲家がいることに気づき、自分は身を引くべきだと考える。テリーの前途を祝福する手紙を置いて行方をくらました。

もはや劇場に出られないと悟ったカルヴェロは、場末の酒場で芸を見せて暮らした。ようやく彼を探し当てたテリーは、カルヴェロのための特別公演が準備されていることを告げる。もちろん、テリーが興行主に頼んだのだ。カルヴェロの演技をほめるさくらも用意した。カルヴェロはその気になって最後のチャンスだと張り切る。同じくサイレント映画の喜劇俳優バスター・キートンとのコンビでコミカルにバイオリンを弾く場面は、大笑いの連続だ。しかし、カルヴェロは熱演の最中にバイオリンを弾きながら舞台下のドラムに体ごとはまって動けなくなった。

代わってテリーが舞台に出て踊る。担架に横たわったカルヴェロは踊るテリーを見ながら、舞台のそでで息を引き取る。その顔にかけられる白い布。もの悲しいテリーのテーマの曲が、カルヴェロの晩年の思いを象徴するように流れる。若き日に成功したが、老いて昔の栄光にすがるだけとなった老優の哀しい人生。しかし、人生の結末に、若い女性の愛を得た。そして彼女を蘇らせて新しい才能を世に出すことができた。老優はいまわの際に、悔いのない満足とともに世を去った……。

ラストシーンは、何度見ても泣ける。

最高の映画

チャップリンはこの作品のために、脚本だけでなく『フットライツ（脚光）』という本を書いた。日本では２０１７年に『小説ライムライト――チャップリンの映画世界』（集英社）として出版された。映画には出てこないカルヴェロやテリーの生い立ちまで書かれている。この作品に対するチャップリンの力の入れようの強さがわかる。

それによるとテリーの母はチャップリンの母のように内職で暮らし、カルヴェロの父はチャップリンの父のように飲んだくれという設定だ。チャップリンはテリー役のクレア・ブルームの衣装合わせのとき、自分の母や初恋の女性が着ていた衣装を例に挙げた。クレアは「彼が私に演じさせようとしているのは、彼にとって過去の中に失われてしまった女性を何人か合わせた若い女性だと悟った」と思い起こす。

カルヴェロはもちろんチャップリン自身の投影だし、テリーには最後の妻、ウーナ夫人の雰囲気が濃い。ヒロインとウーナ夫人は顔も似ているし、自分よりはるかに年上の男に恋する姿勢も現実のウーナ夫人にそっくりだ。老いたカルヴェロの面倒を見る興行主の名前のポスタントは、チャップリンが少年時代に親切にしてくれた劇場の支配人のポスタンスからとったと言われる。この作品は自伝的かつチャップリンの人生そのものの集大成のような作品である。それだけに脚本の執筆も入念で、３年以上をかけている。

『ライムライト』の着想を得たのは、チャップリンが若き日に初めてのニューヨークで会った喜劇役者だ。当時は人気絶頂で素晴らしい演技を見せたが、数年後はひどい舞台だった。「彼から喜劇の女神が去ってしまった」とチャップリンは感じた。

『ライムライト』に取り掛かったとき、チャップリンは６０歳の坂を越えた。自分にはまだ女神がいると感じていても、寄る年波《としなみ》だけはどうしようもない。おまけに周囲の圧力を受けるにつれ、人生のたそがれが身に染みたのだろう。

一方で、人間の執念を見せつける映画でもある。チャップリンと同じように老いた喜劇役者を演じるキートンは、もう何年も忘れられた存在だった。しかし演技に入ると真剣勝負だ。チャップリン以上に目立とうとする役者根性を見せつけた。

同時に、熟した人間性ものぞく。カルヴェロが息を引き取ろうとする最後の場面で目を開けていられないチャップリンのために、そばに立っていたキートンは「今、カメラが来た。いいぞ、チャーリー、最高の演技だ」など小声で状況を教えたという。サイレント映画でともに一世を風靡《ふうび》し、時代の流れの中で世の中から疎《うと》んじられたが、一つの時代を共に作ったという思いが、このときキートンの頭をよぎったのではないか。

歩けるようになったテリーが泣きながら笑う場面がある。テリー役のクレア・ブルームに会った大野裕之氏は、この場面が生まれた秘密をクレア本人から聞いた。彼の著書『チャップリン――作品とその生涯』に書いている。チャップリンは彼女に「感情を込めずにせりふを読んでごらん」と言った。そのとおりにするとチャップリンは急に怒った。「なんだ、その言い方は！」「だってあなたが普通に読めと……」「そうは言っていない。君はこのあいだリハーサル室の鏡を割っただろ！」「あれは謝ったじゃないですか」「許されたと思ってるのか！」。たまらずに彼女は泣き出した。するとチャップリンは「今だ！　『私、歩いてる』とせりふを言いなさい」。こうして生まれたのがあの場面だという。チャップリンの演技指導の現場を目の当たりにするようではないか。

映画の冒頭、ロンドンの街角の場面で辻音楽師に群がる女の子二人と男の子は、チャップリンとウーナ夫人の長女ジェラルディンと長男のマイケル、次女のジョセフィンだ。チャップリンは子どもたちに、この映画が自分の最高の、そして最後の映画になると思う、と語った。

このあともチャップリンは映画を作ったが、アメリカで製作した映画は事実、これが最後となった。３９年にわたって人々を楽しませたアメリカから、冷酷にも追い払われたのだ。

第５章　追放から安住の地へ

再入国を拒否される

『ライムライト』が完成すると、チャップリンはロンドンに行くことにした。海外でのプレミア上映はぜひロンドンでやりたいと思ったのだ。なにせ映画の舞台がロンドンだし、描いたのはほかならぬ自分の人生だ。それに子どもたちをハリウッドから遠ざけてヨーロッパの学校に入れたいとウーナ夫人が言い出した。夫妻と4人の子の一家総出で乗った船は豪華客船クイーン・エリザベス号。1952年9月の早朝である。

出国前に再入国許可をめぐる嫌がらせがあった。移民局の4人が自宅に来て、テープレコーダーで録音しながら尋問をした。「チャールズ・チャップリンというのは本名ですか？　ウクライナ生まれだと言う人がいます」と係官は言う。政府の職員が噂を根拠に聞くのだ。次は例の「共産党員だったことは？」だ。さらに「不倫をしたことがありますか？」だった。頭にきたチャップリンは「私を締め出すための理由を探しているのなら、そうおっしゃってください」と声を荒らげた。その後、チャップリン自身が移民局に出向くと、どれだけの期間、アメリカを離れるのかと聞かれた。「6ヵ月以上にはなりません。私は休暇をとるだけですから」と答えると、その場で再入国許可証が出された。

とはいえ、一抹《いちまつ》の不安はあった。アメリカ政府が何か手を打つのではないかという懸念が消えなかった。そこでチャップリンはロサンゼルス最後の日に、自分がいなくなってもウーナ夫人が銀行の金庫を開けられるよう、銀行に出向いて書類にサインをした。銀行に到着したのは締まる直前だ。これをしていなかったら、チャップリンの全財産は銀行の金庫に眠ったまま、チャップリンの手を離れていたかもしれない。

出航から2日後、通信社から無線の知らせが届いた。これまでもたびたびチャップリンを敵視していた司法長官マグラネリーが、チャップリンの再入国許可を取り消したのだ。あらためて再入国するには勾留《こうりゅう》のうえ、政治的な問題や不道徳な行為について審問をうけなくてはならない、という。一言で言えば「アメリカからの追放宣言」だった。

あとでわかったのは、その陰にもFBIが暗躍していたことだ。移民局は再入国を拒否できないと主張したが、司法長官とフーヴァーFBI長官が話し合って、無理やりチャップリンの追放を決めた。これがアメリカの法をつかさどる司法のトップだ。法でなく個人的な感情で世界の人々から愛された映画人を追い払ったのだ。

映画『移民』でチャップリンは、アメリカは自由を標榜《ひょうぼう》するが、新たに移民してくる人々にとっては不自由な国だと描いた。それだけでなく、今や支配層の価値観に同調しない者は追い出す国でもあるという醜い事実が、彼の身の上に降りかかった。

チャップリン自身は、どのように感じたのだろうか。「体中の神経が緊張した。あの惨めな国に再入国できるかは、もはやどうでもよかった。私は言ってやりたかった。あんな憎しみに包まれた土地からは、一刻も早くおさらばしたい。アメリカの侮辱とその道徳的尊大さには心底、辟易《へきえき》している、この一件はもううんざりだと」。

自伝の語り口から、彼の怒りの強さが伝わってくる。

世界の支持

ロンドンに着いてプレミアの舞台に立つと盛大な拍手が沸いた。テレビで中継された。イギリスで映画のプレミアがテレビ中継されたのは、これが初めてである。故郷は彼を温かく迎えた。一方のアメリカでは在郷軍人会が映画館の前にピケを張って客が入場するのを阻止した。とはいえハリウッドの外国記者協会は「チャップリンがアメリカの脅威などとは考えられない。彼の才能は何十年にもわたってこの国を明るく照らし世界中に喜びをもたらした」として『ライムライト』に功労賞を贈った。

アメリカでボイコットされたにもかかわらず、『ライムライト』はチャップリンの全作品のうち最高の収益をあげた。アメリカの一部の心無い人々はさておいて、世界の人々に支持されたのだ。

とりあえず必要なのは、金だ。ウーナ夫人がアメリカに飛び、ロサンゼルスの銀行の金庫の金を引き出した。久しぶりに自宅に戻ると、チャップリンがいなくなったあと、チャップリン邸にＦＢＩの係官が押し掛け、使用人たちからチャップリンに不利な証拠を出させようとしたことを知った。「裸の娘を交えたパーティーをしてなかったか」などと問いただし、証拠など何もないとわかると、使用人たちに嫌がらせをしたという。ウーナ夫人はこれを聞いて、アメリカへの執着を棄てた。やがて彼女はアメリカの国籍も放棄し、イギリス国籍になる。

それにしてもなぜこれほどまでにアメリカから嫌われたのか。離れてゆっくり考えた。チャップリンは「私が彼らに協調しなかったことが罪とされた。私は共産主義者を憎む連中にくみすることを潔しとしなかった」と語る。思想の自由を標榜しながら狂信的なほどの反共思想に染まらなければアメリカに住むことは許されないという、本来の民主主義とは相いれない不寛容な考えが、チャップリン追放をもたらしたと言えよう。

映画を妨害した在郷軍人会に対してチャップリンは「愛国心の見せかけのもとに組織の力を利用して他者の権利を侵害するようになれば、アメリカ政治の根本的な基盤は侵される。彼ら超愛国者はアメリカをファシスト国家に変える下部組織になりかねない」と指摘した。

アメリカでは気が滅入ることが続いたが、ヨーロッパではイギリスだけでなく各地で彼を温かく迎えた。フランスを訪問すると、フランス劇作家・劇音楽協会はチャップリンを名誉会員にした。ロジェ・フェルディナン会長がチャップリンに送った手紙がある。

「あなたの勝利は、人道的な寛大さと自然さをお持ちであることにあります。それはルールやずる賢さに制約されることなく、あなた自身の苦悩、喜び、希望、そして落胆の中から生まれ出たものです。これらすべてを、自分の力ではどうにもできない苦しみに苛《さいな》まれ同情を求めている人々……は理解しています。こうした人々は、苦悩をなくすふりをするのではなく、慰めを与えようとする笑いを求めているのです。私たちを笑わせるかと思うと、ふいに泣かせてくれる――この素晴らしい才能が、あなたの払ってきた多大な犠牲の上に成り立っているということは……想像に難くありません。わたしたちの心の琴線に深く触れるささやかな出来事は、あなたご自身の人生から取り出してきたものであり、そうした出来事をあれほど細やかに描写できるということは、あなたがどれほどの苦悩をくぐりぬけてきたかを想像させます」。

かなり長い引用になったが、これでも本文の8分の1である。全世界のファンが言いたかった思いを、この手紙は代弁している。チャップリンはこの長い手紙を全文そのまま自伝に掲載した。アメリカでさんざん罵倒されただけに、これを読んで救われた気持ちになったのではないか。手紙の最後は「チャップリンさん、ありがとう」で締めくくられている。ここまで読み通したチャップリンは……泣いたのではないか。

スイスへ

ヨーロッパ各地での上映会からロンドンに帰ったチャップリン。まずしなければならないのは、住む家を探すことだ。とりあえずはロンドンに住もうと考えたが、霧の都ロンドンは寒いし湿気が多い。カリフォルニアの暖かく乾燥した気候に慣れた幼い子どもたちが適応できるとは思えない。もう一つの問題は金だった。この時点ではまだアメリカの銀行の金をすべて引き出せるかどうか、わからなかった。

そんなとき友人が「スイスはどうか」と言った。フランスに近いスイス西部のレマン湖畔あたりなら気候はいい。教育環境も整っている。銀行制度は世界一だし、税金の優遇措置がある。財政的な見地からもスイスが好都合だ。世界の亡命者の安住の地として名高いし、移住者を受け入れる態勢もできている。スイスならうまく溶け込めそうだ。チャップリンは、その言葉に乗った。

一家がスイスを目指したのは、ロンドンに着いて3ヵ月後だ。とりあえずローザンヌのレマン湖畔にあるボー・リヴァージュ・ホテルに入った。4ヵ月後に見つけたのが終生の住処《すみか》となる邸宅「マノワール・ド・バン」だ。スイス西部のヴォー州にあるレマン湖畔の町ヴヴェイの

チャップリン邸に広がる芝生

郊外、丘の中腹に広がる人口1350人のコルシエ村にあった、アメリカ人の外交官が住んでいた家を譲り受けた。

敷地は14ヘクタールもの広さがあり、リンゴや洋ナシの果樹園、イチゴやアスパラガスの菜園がついている。それがチャップリンを喜ばせた。邸宅は一見、アメリカの大統領官邸ホワイトハウスのミニ版のようで、テラスの前には2ヘクタールの芝生が広がり、堂々とした大木の向こうに雪をいただいた山と湖が望める。1952年の大晦日、12月31日に60万スイス・フランで購入し、翌1953年1月5日から実際に住み始めた。

引っ越しが住んで落ち着いたとき、チャップリンは宣言した。「半年間は、この家でのんびりと静かに暮らしたい。家族水入らずで過ごすつもりだ」。

その言葉のとおり、しばらくはのんびりした。人生で初めてゆったりとした生活を送ったと言ってもいい。ピアノを弾き、キャンバスに絵を描いた。ワイナリーを訪れ、日曜には行きつけのレストランで『カエル脚のプロヴァンス風』を味わった。ときおりヴヴェイの町に買い物に出かけたり、近所の人々を招いて歓談したりテニスを楽しんだりした。

入居して2ヵ月後にはアメリカの撮影所とビバリーヒルズの自宅を売りに出した。さらに1ヵ月後にはアメリカの再入国許可証を公式に返却した。そのさいに声明を発表した。「私は強力な反動的グループによる虚偽と悪意のあるプロパガンダの対象にされてきた。こんな状況のもとでは映画の仕事を続けるのは不可能である。アメリカに住むことはあきらめた」。アメリカとの完全な決別宣言である。

『ニューヨークの王様』

とはいえアメリカから追放されたまま、黙って引きさがりたくはない。こんどはチャップリンの方からアメリカに対し、言いたいこと、対抗する姿勢を形にしたい。そう思ったのだろう。2年たって退屈な隠遁《いんとん》生活に飽き飽きしてきたころ、新しい映画の制作を思いついた。テーマは、自由の国と言いながら自由でないアメリカの告発である。自分が抱いたアメリカへの期待と、思いがけない迫害で見えたアメリカの醜い姿を作品にして伝えようとした。それが『ニューヨークの王様』だ。

ヨーロッパの小国の国王シャドフは革命で国を追われアメリカに亡命した。自由の国と思ったら、入国手続きで指紋をとられた。ニューヨークの豪華ホテルに入り市街の見物に出ると街の騒音に辟易する。首相が現金を持ち逃げしたため王様は無一文になり、王妃から離婚された。パーティーで余興を披露したところテレビで放映され、人気タレントになった。CMの出演申し込みが殺到する。勧められて顔の整形手術を受けたものの、笑うこともできなくなる。また手術のやり直しでさんざんな目に遭う。

共産主義者の両親を持つ10歳の天才少年が王様の部屋に逃げてきた。少年は連行され、親の交遊関係について密告を迫られる。少年をかくまったかどで王様も非米活動委員会の査問を受けることになった。出頭の途中で指が消火ホースから抜けなくなる。証言台で宣誓のときにホースから水が噴きだし、会場は水浸しになった。天才少年に再会すると、あれほど自信満々だった少年が、密告したやましさで精神的に落ち込んでいた。嫌疑が晴れた王様だが、すっかり嫌気がさしてアメリカを離れる……。

チャップリンがアメリカを離れて作った最初の作品だ。最初、チャップリンはミュージカルっぽいものにするつもりだった。ロンドン郊外の撮影所を借り、撮影はわずか6週間。天才少年を演じるのはチャップリンの長男で、このとき11歳のマイケルだ。一方、チャップリンは67歳だった。

アメリカへの意趣返しと受け取れる作品である。映画作品としての評価は分かれるが、映画を着想した時期、アメリカはまだマッカーシズムの嵐のさなかだった。それを明らかに皮肉る内容で、そのためアメリカでは上映できず、収益を損なうことを覚悟して作った。1957年にロンドンで上映されたが、アメリカで公開されたのは、ずっと遅くて1973年である。ベトナム戦争の末期で、アメリカの威信が音を立てて崩れる時代に、ようやくチャップリンの批判も受け入れられたのだ。

チャップリン自身はこの映画について「これは私の映画の中では最も反抗的なものだ。私は死にゆく文明の一部になるのはごめんだ」と語った。70歳を前にして彼の闘争心はなお旺盛だった。

しかし、『ニューヨークの王様』の撮影が始まるころには、マッカーシズムは収まっていた。上院でマッカーシー議員に対する「上院に不名誉と不評をもたらすよう行動した」という譴責《けんせき》決議が可決され、彼は失脚した。

マッカーシーを没落に追い込んだジャーナリスト、エド・マローがチャップリンに「映画でなぜアメリカの良い面も描かなかったのか」と質問している。チャップリンは「もし両方の面を描いたら、映画はひどくつまらないものになってしまう。私は政治よりももっと重要な人間の肯定を描きたかった」と答えた。アメリカへのしっぺ返しという低い次元で映画を制作したのではなく、人間賛歌を主張したかったというのだ。

国家と個人

「死にゆく文明」という言葉には解説が必要だろう。その前に、チャップリンを非難するのにさんざん使われた愛国心について、チャップリン自身がどう考えたかを記しておきたい。

愛国心についてチャップリンは自伝で「私が愛国者でないのは事実である」と堂々と簡潔に語る。そのわけを「愛国心という名のもとに600万人ものユダヤ人が殺されたのに、どうしてそんなものが許せようか」と前置きしたうえで、こう述べた。「自分が住んでいる国が侵略されたら、ほとんどの人と同じように、私も最大限の犠牲を払うことはできると思う。だが、祖国を熱狂的に愛するようなことはできない。なぜなら、それはナチスのような国を作ることになるからだ。……国粋主義の殉教者になるつもりもないし、大統領のため、首相のため、独裁者などのために死ぬつもりもない」。愛国心の名でナチスのような国がつくられたのは日本も同じだ。共感する人は多いだろう。

続いて彼は「（ナチスのような国からは）良心の呵責《かしやく》など感じずに立ち去るだろう」と語っている。そのときアメリカを立ち去った自分の体験を想いうかべていたのだろう。アメリカを追放されたとき、「アカ狩り」の本家である非米活動委員会について「少数派の誠実な意見を持つアメリカ市民の喉元《のどもと》を締め上げて、その声を封じるに十分な曖昧《あいまい》さを持つ名である」と、皮肉を込めて弾劾した。

別の機会にチャップリンは「私の愛国心はどこか一つの階級に属してはいません。私の愛国心というのは、全世界と普通の人々――私に反感を持つ人々をも含めて――への同情なのです」とも述べている。

「アカ狩り」に典型的に現れた、国家が個人を抑圧する状況について、彼は「個人は、政治的、科学的、経済的な全ての面で脅しをかけてくる巨大な組織に取り囲まれてしまった。私たちは魂の条件付けおよび制裁と許可の犠牲者になりつつある」と言った。そして、そうなった理由まで分析している。「私たちがこうした状況に自らを投じることに甘んじてしまった理由は、文化的な洞察の欠如にある」と断定する。「盲目的に醜さと混乱に突き進み、美を愛《め》でる心を失《な》くしてしまったのだ。私たちの生の感覚は、利潤と権力と独占力によって鈍ってしまった」と彼はとらえた。金もうけに走るだけで文化をおろそかにする社会では、人間的な心はつぶされてしまうと言うのだ。まさに今のアメリカや日本がそうなっているではないか。

醜さの行きつく先が「死にゆく文明」の産物である核兵器だ。核兵器について、チャップリンはこう語った。「科学は、思慮に満ちた方向性や責任感を持たずに、あれほどの破壊力を持つ武器を政治家や軍人に渡してしまった。そのため今では、地球上のあらゆる生命体の運命が、そうした者たちの手に握られている」。

さらに「この過剰な威力を、道徳的責任感や知的能力が控えめに言っても完全無欠ではない者たちの手にゆだねてしまった結果、地球上の全生命を絶滅させる戦争さえ引き起こしかねない状況が生まれている。にもかかわらず、私たちは盲目的に邁進《まいしん》しているのだ」と。

どうしてそうなるのか。「人間は結果まで考えて行動したりはしない。科学者の中には、宗教的狂信者のようなものがいる。そういう人間は、自分が発見したものは常に善なるものであり、知ることへの信条は道徳的だと思いこんで、やみくもに突き進む。……科学の進歩は人間の倫理観よりずっと先を走っている」。つまり倫理的な思考を伴わずに科学的な知識の追求を一直線に進めた結果、人類が自らを滅ぼしかねない道に入っていったと言うのだ。

今や核兵器だけでなく、環境問題でも同じことが言える。気候変動で地球全体がおかしくなっているというのに、依然としてアメリカも中国も、物質的な繁栄と消費文化に突き進み、最大の環境汚染である戦争に向けて軍拡を進める。チャップリンの言うように、まさに盲目的に邁進している。

危機の中、私たちはどうすればいいのだろうか。チャップリンは、「選択肢は二つある。自滅か自制かだ」と二者択一の現状を示す。そして「最終的には人々の利他主義が生き残り、人類に対する善意が勝利を収めるものと、私は信じている」と言った。楽観的な見方を示したというより、みんなが利己主義に向かえば、その果ては全員の自滅しかなく、お互いが他者に配慮するしかない、と言いたいのだ。今、国連で言われる「持続可能な開発」につながる考え方だ。

チャップリンの書斎

チャップリンが最後の住処とした邸宅「マノワール・ド・バン」とは、どんなところだろうか。チャップリン博物館「チャップリンズ・ワールド」の映画に関する展示を見終わってスタジオから外に出ると、芝生の向こうに白壁の邸宅が見える。2階建てで、その上に屋根裏部屋がついている。行ってみよう。

玄関を入ると、目の前でチャップリンが迎えてくれる。ブレザーを着て飛び跳ねるような姿勢をし、ハイタッチするように右手を高く挙げ、満面の笑みを浮かべている。『ニューヨークの王様』に登場するチャップリンの蝋人形だ。思わず彼の手に合わせてハイタッチしたくな

チャップリンの書斎＝Chaplin's World™
© Bubbles Incorporated S.A.

る。

1階の最初の大きな部屋は、チャップリンの書斎だ。装飾を施した木の机の上には自分や家族との写真、インク壺、手紙入れなどが置いてある。ここでチャップリンは手紙を書いた……いや、来た手紙を読んだ。彼は手紙を書かなかったことで名高く、生涯に手書きで書いた手紙は12通しかなかったと言われる。筆不精の見本のような存在だ。

それには理由がありそうだ。彼の文には誤字や文法的な誤りが多かったとチャップリンの秘書は言う。小学校中退できちんと教育を受けなかったことが原因だろう。秘書から誤りを指摘されたチャップリンはいらだった。コンプレックスを感じたのだろう。自筆で手紙を書けば、学力の不足が相手に分かってしまう。そのため手紙を書くのがおっくうになったのではないか、という推測も成り立つ。

書斎の窓の外には巨木が見える。窓からすぐ外に見える大きなモミの木は１８３０年に植えられた。樹齢３００年を超すヒマラヤ杉もある。その向こうには広大な庭が広がり、さらに目を遠くへやるとノコギリ状の山なみを見渡す。スイスとフランスの国境にある標高３２００メートルを超すダン・デュ・ミディ（南の歯）山だ。その名の通り、山脈が歯並びのように見える。

今は机の向きが変えられたが、チャップリンが生きていたころは、机が窓を向いていた。ときおり仕事の手を休めては、この風景に見入ったのだろう。窓枠が額縁の役割を果たして、外の景色が一幅《いっぷく》の絵のように見える。

チャップリンは『ニューヨークの王様』の制作が終わると、自伝の執筆に取りかかった。イギリスの作家グレアム・グリーンに勧められたのだ。

伝記を書いているときの毎日は、こんな風だ。朝は7時に起き、天気が良くても悪くてもプールでひと泳ぎし、朝食をとったあとウーナ夫人にキスして書斎に向かう。正午に昼食をとって昼寝をしたあと、書斎に戻って5時まで仕事をする。夕食前にお茶を飲んだあとはテニスを楽しみ、夕食の開始は6時４５分だ。その後は１０時まで図書室にこもる。

有名人の自伝はゴーストライターが本人に代わって書くことが多いが、チャップリンはすべて自分で書いた。過去の資料を調べることももちろんあったが、少年時代のことなどはほとんど記憶だけだ。それがきわめて正確だった。

とはいえチャップリン自身がペンで書きつけたのではない。秘書に口述筆記させたのだ。チャップリンが話すことを秘書が黄色い用紙にタイプで打つ。それを読んだチャップリンが用紙に直しを入れて最初の原稿とする。それに何度も手を加え、完全な原稿にしてから秘書があらためてタイプを打ち、完成品にした。「1日に300語を仕上げると、はかどったと思った。10回も書いては破り、書いては破りしたあとのことだが」と自伝に書いている。

書斎の写真にも写っているように、天井から下がる電灯の周囲に、ランプシェードのように紙がたくさんめぐらされている。タイプ打ちされた原稿にチャップリンが直しを入れた紙の一部だ。

自伝は500ページを超す膨大なものとなった。1964年に出版され、初版は8万部だ。刊行されたとたんに翻訳されて10ヵ国でベストセラーになり、半年もたたないうちに世界で100万部以上も売れた。書斎の本棚には世界各国で出版された伝記の翻訳本が並ぶ。どれも分厚い。日本語の『チャップリン自伝』もある。中野好夫《よしお》氏の訳で新潮社から1966年に出されたものだ。

この間、1962年にはオックスフォード大学で文学博士の名誉学位を授けられた。小学校中退の身で文学博士となったことが話題を呼んだ。授与式でチャップリンは「美は見る人の目

居間にあるピアノ上に並ぶ写真＝Chaplin's World™
© Bubbles Incorporated S. A.

の中にある」と語った。「側溝に落ちているバラに、ゴミの缶に一瞬斜めに差しこむ陽光に、あるいは道化がころぶさまにさえ、芸術や美を見出すことができる」と。

ふつう詩人は野なかのバラやバラ園に咲き誇るバラに目を向けるが、チャップリンは違う。人々が目もくれない溝のバラに目を留めた。バラを人間に置き換えてもいい。英雄でも富豪でも美女でもなく、世間から忘れられた人々を主人公としてスクリーンに投影してきたのがチャップリンの芸術だった。

日常生活

書斎に続く部屋は広い居間だ。絨毯《じゅうたん》の上にソファやテーブルがゆったりと置かれ、部屋の隅にはグランドピアノがある。ピアノの上には写真が並ぶ。

チャップリンが左手でバイオリンを弾く写真もある。一番手前の金縁のスタンドに入った写真を見ると、「チェロの神様」と呼ばれたスペインのパブロ・カザルスとルーマニア出身のピアニスト、クララ・ハスキルそしてチャップリンの3人がシャンペンのグラスを手に歓談している。ハスキルはヴヴェイに住んでいた。よくチャップリン邸に来て食事しては、このピアノを演奏してチャップリンを和《なご》ませた。

食堂には楕円形のテーブルに八つの椅子が並ぶ。チャップリンの席は全員を見渡せる位置にあり、向かって左側がウーナ夫人の定席だった。子どもたちの席は決まっておらず、早い者勝ちで母親の隣に座ろうとした。食事の場はおしゃべりや討論の場となった。地元の言葉がフランス語なので、子どもたちはどうしてもフランス語で話そうとする。しかし、チャップリンはフランス語がわからない。食卓では英語しか話してはいけないというルールを決めた。

2階にはチャップリンの寝室がある。簡素な木のベッドだ。枕元の上の壁には様々な年代のチャップリンの写真12枚が6枚ずつ上下2段で飾ってある。左上は木靴ダンスをした9歳の少年時代で、そこから右に行くに連れて次第に年をとり、右下が最晩年のものだ。順番に見て行くと、彼の苦難の人生を追いかけているような気がする。12枚のうち笑っている写真は4枚しかない。喜劇王が自らの苦悩を代償にして人々を笑わせたことを示しているかのようだ。

チャップリンのパスポートが置いてあった。開いたページの右に顔写真、左に職業「俳優」、出生地「英国、ロンドン」、誕生日「1889年4月16日」、居住地「スイス」や身長、目の色「青」、髪の色「白」と本人の署名がある。身長は「5フィート、6½インチ」となっている。つまり169センチだ。これまでチャップリンの自伝やさまざまな伝記を読むと「小男」というだけで具体的な数字はなかなかお目にかかれなかった。169センチなら「小男」というほど小さくはないが、イギリスではもちろん背が小さい方だ。それに実際の背の低さ以上に本人がコンプレックスを感じていたのだろう。体重については、20代後半のミューチュアル社時代に56キロにも満たなかったという記録が残っている。

寝室の向こうには映写機を置いた部屋がある。「故障せずにすむことはめったにない」古い映写機で、その前に「落っこちるくせがある」スクリーンがある。

ウーナ夫人はチャップリンの指導を受けてホームビデオを撮った。それを夫婦仲良く、ここで観た。その様子を具体的に目にすることができる。椅子に座ってスクリーンを見るチャップリンと、彼の後ろに立つウーナ夫人の蝋人形があるのだ。2人の人形の横に立つだけで、チャップリン夫妻の打ち解けた家庭の領域に忍び込み、人生をともに楽しんでいるような錯覚にとらわれる。壁にはウーナ夫人の写真が並ぶ。

洗面所に入るとアインシュタインがいた。鏡に向かって舌を出している姿だ。もちろんこれも蝋人形だ。チャップリンがアインシュタインに初めて会ったのはアメリカ時代。カリフォルニアに講演に来たアインシュタインと会食した。『街の灯』を製作したあとの世界旅行のさい、ベルリンを訪れたチャップリンはアインシュタインの自宅に招かれた。質素なアパートでアインシュタイン夫人が焼いたパイを食べ、失業問題など世界経済について語りあった。

そのときアインシュタインの息子が、なぜ二人が人々に知られているのかについて、こう語った。「チャップリンさん、あなたに人気があるのは大衆に理解されるからです。父が知られているのは、大衆から理解されないからです」。

別れ際、アインシュタインはチャップリンに相対性理論の著書と、サイン入りの写真を贈った。写真には「経済学者、チャーリー・チャップリンへ」と書き添えた。チャップリンの経済的な眼力は、大恐慌の直前に株の暴落を見越して持ち株をすべて売り払ったときにも見られたが、彼の経済の知識は世界的な頭脳からも認められたのだ。

家族との暮らし

邸宅を出て裏手に回ってみよう。テラスに面して広大な芝生が広がる。「庭園」と呼ばれる部分だけでも4ヘクタールある。あちこちに巨木が真っ直ぐそびえ、根本には長さ20センチもある巨大な松かさが散らばる。遊歩道も作られており、歩いて回るのに20分かかる。途中にベンチもあって休憩できるし、疲れたら芝生で寝そべってもいい。

チャップリンが生活していたころは、その一角に菜園があった。イチゴやアスパラガス、トウモロコシが育った。チャップリンが住むようになってからプールとテニスコートが新たに造られた。

ふだんのチャップリンは、朝7時に起きるのは伝記を書いているときと同じだが、天気が良いときだけプールでひと泳ぎし、その後に朝食をとった。コーヒーとオレンジ・ジュース、ベーコン・エッグのイギリス式朝食が多かった。10時からは図書室にこもった。チャップリンが静かに読書できるように、2人のベビーシッターは幼い子どもたちをプールのそばにある遊び場に連れて行ったり、庭を散歩させたりした。

正午ころチャップリンは1時間の休憩をとり、ウーナ夫人と庭を散歩する。その後に昼食をとる。昼食はトマトとヨーグルトそして1杯の水だ。夕方にはウーナ夫人や近所の仲間とテニスを楽しむ。

チャップリンとウーナ夫人しかいないとき、二人は芝生をピクニックした。その折々に好きな木の下に座り、焼いたジャガイモにキャビアを乗せてつまみながらシャンペンを飲んだ。

チャップリンとウーナ夫人の夫婦仲は、いつだれが見てもほほえましいほど仲むつまじかった。だれの前であろうと、照れることなくキスし抱きあった。チャップリンはウーナ夫人を

「ハニー」と呼び、ウーナ夫人はチャップリンを「C・C」と頭文字で呼んだ。

チャップリンは「私は家内を愛していますし、家内も私を愛しています。だから私たちはとても幸せなのです」とぬけぬけと語る。そのコツまで披露した。「お互い相手に多くを求めすぎないこと。それが結婚における幸福の法則に最も近づくことです」と。

二人は36歳も年が離れているが、気にならないのだろうか。ウーナ夫人はそんな年齢差など感じないと言う。「私の結婚している相手は若い男性です。世間の人たちはチャーリーを私の父のように考えてますけど、この家では年はなんの意味も持ちません。彼は日々、若くなっていくように思えます。彼は私を成熟させ、私は彼の若さを保たせているんです」。

二人の間には子どもが8人も生まれた。アメリカ時代に4人と、スイスで4人だ。最初の子は長女のジェラルディンで、このときチャップリンは55歳、末っ子で3男のクリストファーが生まれたとき、チャップリンはすでに73歳だった。世間ではおじいさん、あるいはひいおじいさんになっていてもおかしくない年齢である。チャップリンと子どもたちの関係はうまくいったのだろうか。

いかなかった。長女は反抗的かつ自立心が旺盛で、バレリーナを目指して17歳で家を出た。映画『ドクトル・ジバゴ』に出演している。長男のマイケルは『ニューヨークの王様』に出演したものの、ヒッピーのようになり生活保護を申請して、親を困らせた。次女のジョセフィンは頭がよく気立てもよくて期待されたが、20歳でギリシャの商人と結婚して家を出ていった。3女のヴィクトリアは喜劇俳優の素質があって跡継ぎを期待したが、18歳で家出した。スイスで初めて生まれた次男のユージーンは、20歳で一家のかかりつけの歯医者の娘と結婚し、舞台照明の専門家となった。

子どもたちは偉大な父親の名前の重みを、すべては背負いきれなかったようだ。

チャップリン邸を見て回ると、いろいろあるが、一方で「ない」ものにも気づく。一般のイギリス、アメリカ人の家庭によくある十字架や聖書など宗教関係のものが見あたらない。チャップリンは宗教には乗り気でなかった。カトリック育ちのウーナ夫人も同じようだ。

ピアニストのホロヴィッツやラフマニノフとの食事の席で宗教の話になったとき、チャップリンは「私は宗教心は持ち合わせていない」とはっきり白状している。子どもたちにも洗礼を受けさせなかった。長女のジェラルディンは10歳になってローザンヌの尼僧院付属女学院に入学したときに初めて「神様」という言葉を知ったくらいだ。クラスのみんながお祈りしているのを見て「誰に祈ってるの?」と聞き、「GOD（神様）よ」と言われると、それが人の名前だと思って「苗字は何ていうの？　校長先生のこと?」と聞き直したという。

『伯爵夫人』『フリーク』

チャップリン邸の2階の廊下から階段にかけての壁には、たくさんの顔写真が飾ってある。チャップリンと親交のあった世界の有名人だ。チャーチルやガンディー、ネルー、画家のダリらとともに裃姿《かみしもすがた》の日本の歌舞伎役者の写真もある。写真を背景にスッと立つ白いドレスを着た蝋人形は、イタリアの女優ソフィア・ローレンだ。チャップリン最後の作品『伯爵夫人』のヒロインである。

映画の相手役はマーロン・ブランド。世界のトップスター2人を得てチャップリンは脚本と監督に徹し、撮影にとりかかったのは76歳のときだ。舞台は第2次大戦後の難民があふれる香港。豪華客船で寄港したマーロン・ブランド扮するアメリカの石油王の御曹司《おんぞうし》で次のサウジアラビア大使となるオグデンがナイト・クラブで豪遊する。踊った相手はソフィア・ローレン扮するロシアの亡命貴族の娘、「伯爵夫人」ナターシャだ。翌日、船が出航したあと、二日酔いで目を覚ましたオグデンの部屋にナターシャが隠れていた。密航して香港を逃れようとしたのだ。部屋に人が出入りするたびにオグデンはあわてる。ここで画面にちらっと顔を出す老給仕はチャップリンである。

シケで船が大揺れとなり船酔いで二人とも大変な目に遭う。オグデンがマラリアの発作を起こすとナターシャが寝ずに看病した。ハワイを目前に、パスポートを持たないナターシャの扱いに頭を悩ます。おまけにオグデンの妻が船に乗り込むことになった。オグデンは部下とナターシャを偽装結婚させようとしたが、パスポートがなくては結婚もできないことが分かる。ナターシャは思い切りよく船から海に飛び込んでワイキキの浜に上陸した。オグデンの部下が彼女を見つけホテルに連れて行く。

船は出港した。周囲の楽しげな踊りの輪を横目で見つつ、船を見送るナターシャ。そこにオグデンが姿を見せ、「踊ってもらえる？」と声をかける。2人は笑顔で踊るのだった。

地位も金もある男がすべてを捨て妻とも別れ、身分違いの女と結ばれる。この点ではチャップリンらしいが、社会風刺がほとんどない。批評家からは、ハッピーエンドのありきたりなロマンチック・コメディーと、失望の声が大半だった。10年ぶりのチャップリン作品を期待していただけに、がっかりしたのだ。興行的にも失敗だった。

しかし、チャップリンは「この作品は、私が作った中で最高のものだ」と述べた。酷評する批評家を「今の批評家たちは時代に遅れることを恐れているが、この映画は時代に10年先行している」と豪語した。そして「今、私は次の映画にとりかかっている」と言った。

まだやるのか、チャップリン！　それが『フリーク』である。チャップリンが78歳にして取り組んだ映画だ。

主人公は、ある朝目覚めたら背に翼が生えていた南米出身の若い娘サラファ。彼女を利用して金もうけをたくらむ新興宗教から身を守ろうとして、人を殺してしまう。出生記録が見つかり人間と認められて正当防衛と判断されるが、彼女が求めたのは自由だ。翼を広げて夜空に舞い上がり、灼熱の大西洋で力尽きて死ぬ。

チャップリンはこの構想に夢中になった。翼も試作した。それがチャップリン邸2階のチャップリンの寝室に、今も飾ってある。戸棚の中でライトに照らされて輝く白くて大きな、まさに天使の羽のような翼だ。

チャップリンは主人公のサラファに、3女のヴィクトリアをあてようとした。彼の子どもの中で最も喜劇の才能があると見込んだからだ。ヴィクトリアが翼をつけて試演する写真も残っている。しかし、彼女は映画の撮影がこれからというときに家出した。好きな男と結婚してサーカスの芸人になろうとしたのだ。映画の夢も、愛する娘も失ったチャップリン。大きなショックだった。

同じころ、2番目の妻だったリタ・グレイとの間に生まれたチャールズ・チャップリン・ジュニアが亡くなった。兵役に就いたさいにアルコール依存症となり43歳での若死にだった。チャップリンの父親と同じ道をたどった死だ。80歳を目前に、チャップリンの心は沈んだ。

一転したアメリカ

気落ちするチャップリンを救ったのは、世界からの再評価だ。1971年、カンヌ映画祭はチャップリンの全作品に対して特別賞を贈った。フランスのレジオン・ドヌール勲章の上級勲爵士の称号も授けられた。そしてついに、あれほどまでに彼を排斥したアメリカが、評価を変えた。1972年、ハリウッドの映画芸術科学アカデミーはチャップリンにアカデミー特別名誉賞を授与すると決定した。

チャップリンの83歳の誕生日である4月16日に授与式をしたいという招待状が届いた。チャップリンが還暦を過ぎてアメリカを追われてからちょうど20年。老境の彼を苦しめたアメリカは、自ら辞《じ》を低くして彼を受け入れ、許しを請うたのだ。

チャップリンは、ためらいながらニューヨークの空港に降り立った。再入国を拒否された自分が本当に入国できるのか。入国しても在郷軍人会などから罵倒《ばとう》され、汚いヤジを浴びせられるのではないか、という不安がぬぐえなかったからだ。

彼が目にしたのは、迎える100人の報道陣だった。投げキスしながらゆっくりと飛行機のタラップを降りた。悪意の出迎えはなかった。安堵《あんど》したチャップリンは『キッド』の映写会に来た観客に、「今夜は私の復活です。私は再び生まれようとしているのです。これほど多くの友人に囲まれて幸せです。ありがとう」と述べた。3000人が拍手した。

集まった人々の中に女優の黒柳徹子さんがいた。彼女が振り袖姿で駆け寄ると、チャップリンは「ジャパン！　テンプラ、カブキ、キョウト」と声を上げ、「日本のことは忘れない」と言って黒柳さんの手を握りしめたという。そのあとのレセプションには、妻だったポーレット・ゴダードや『ライムライト』のヒロインを演じたクレア・ブルームも駆け付けた。

アカデミー賞の授賞式の会場には、『キッド』の子役だったジャッキー・クーガンも来た。今や57歳で頭がはげて太っていた。チャップリンは彼を一目見たとたんに涙ぐんだ。二人は抱き合った。チャップリンはクーガンに「うれしいじゃないか、坊や」と言い、かたわらにいた彼の夫人に「あなたのご主人は天才だよ」と語った。

ハリウッドの授賞式でアカデミーの会長は「チャップリンはその名前以上のものになった。今や映画用語の一つだ」と功績をたたえた。登場したチャップリンを迎えたのは、会場を埋めた俳優全員のスタンディング・オベーションだ。「オスカー史上最長の12分」と言われる。当時の映像を見ると5分ほどだが、それでも充分に長い。いつまでも鳴りやまない盛大な拍手とブラボーの声援を前にとまどう表情を浮かべ、立ちつくすチャップリン。

マイクの前では感極まり、涙声で「言葉は役に立たない。招待してくださったことに、ここにいる優しい方々に、私が言えるのはただ……ありがとう」と途切れ途切れ言うのがせいいっぱいだった。そこに山高帽が持ってこられると、かつてサイレント映画の時代にやったように帽子を頭から飛びあがらせる芸を演じて見せ、子どもがはにかむような笑顔を浮かべた。

舞台に上がったとき、どんな気持ちだったのだろうか。「声を上げて泣き出してしまいそうだった。ヤジを飛ばす者がいるんじゃないかと思ったが、みんなとても優しかった」とあとで述べている。

その5ヵ月後にはイタリアのヴェネツィア国際映画祭で金獅子賞を贈られ、大統領から黄金のライオン像を受け取った。いま、オスカーとともにチャップリン博物館に飾ってあるものだ。翌1973年には『ライムライト』がアカデミー劇映画作曲賞を得た。

1975年にはイギリスの女王からナイトの爵位を受けた。「サー・チャールズ・チャップリン」の名が呼ばれ、チャップリンが車椅子に乗って登場すると、近衛歩兵連隊の弦楽オーケストラが『ライムライト』のテーマ曲を演奏した。女王の言葉を受けて下がったあと、チャップリンは「女王陛下は、私がしたことのすべてに感謝していると言ってくれた」としみじみ語った。式のあとホテルで家族だけのパーティーを開いているとハロルド・ウィルソン首相が祝いの言葉を述べにやってきた。

ようやく手にした平穏

その後のチャップリンは、めっきり老いた。痛風を病んで歩くこともままならなくなり、ウーナ夫人とテニスをするどころか、楽しみな庭の散歩さえできなくなった。客を招くこともなく図書室にこもって読書する時間が多くなった。このころ何度も読み返したのはディケンズの小説『オリヴァー・ツイスト』だ。孤児がさまざまな苦難を経て幸せに至る物語である。自らの人生と重なって思えたのだろう。しかし、これでは気が滅入るばかりだ。3輪の電気自動車を買って、自分で運転しながら庭をまわれるようにした。

子どもたちは結婚したり独立したりして家を離れ、小さな子たちはローザンヌで寄宿生活に入った。ポツンと家に残ったチャップリンとウーナ夫人は、天気も身体の調子もいいとき、連れ立ってレマン湖畔に日向ぼっこに行った。運転手の車で湖畔の決まった場所に行き、迎えに来るまで1時間か2時間、二人並んで腰を下ろし、じっと湖を見続けた。

晩年のチャップリンを幸せに包んだのは、まさにウーナ夫人の存在だった。自伝にこう書いている。「引き締まった小柄な体を真っ直《す》ぐに伸ばし、2、3の銀色の筋がまじる滑らかな黒髪をなびかせてヴヴェイの狭い歩道を私に先立って歩くウーナ。その素朴で威厳のある姿を目にしただけで、彼女のすべてに対する愛と称賛がこみ上げてくる――そして目頭が熱くなるのだ」と。

チャップリンは膨大な自伝の最後をこう締めくくった。「こうした幸福感に包まれて、私はときおり夕暮れ時にテラスに座り、広大な緑の芝生越しに、遠くの湖や、湖の向こうの悠然とした山並みを眺める。そんなときは何も考えない。ただこの幸福感に浸って、雄大な静けさを心ゆくまで楽しむのだ」。

これ以上の不幸せはないくらいの不幸を背負って生き抜いた少年時代、とんとん拍子で思いがけないほどの大成功を収めた青年時代、喜劇王と呼ばれる重鎮となりながら住み慣れたアメリカを追い出された壮年時代。そしてスイスで過ごした晩年。人生の山も谷も経て、ようやく手にした平穏である。

チャップリン邸のテラスにはベンチがある。晩年のチャップリンはこのベンチに座った。同じようにベンチに座ると、遠景に山を望む。チャップリンが人生の最後にたどりついた風景が目の前にある。延々と連なる緑の芝生、ずっと向こうにはトウヒやポプラなどの木が黒い影となり、はるか向こうは紫色にかすんだ山が連なる。その頂上に帯状に分厚く真っ白な雲がたなびき、さらにその上は真っ青に澄み切った空だ。時間がゆったりと流れる。

雲を見ていると、チャップリンの自伝にある一節が頭に浮かんだ。「運・不運というものは、雲のように行き当たりばったり流れ来るものなのだ。これがわかっているからこそ、私は不運に見舞われても過度にショックを受けたりせず、幸運に見舞われたときには快く驚いてきた。私には、どう生きようという設計図もなければ哲学もない――賢人だろうが愚人だろうが、みなもがきながら生きるしかないのだ」。

1977年夏、チャップリンはヴヴェイの町で25年おきに開催される「大ブドウ祭」を見に行った。このころはまだ「働くことは生きることだ。私は生きたい」と語っていた。最後に邸宅から出たのはその年の10月だ。ウーナ夫人と3女のヴィクトリア夫妻らとともに、ヴヴェイにサーカスを見に行った。その後はめっきり体力が衰えた。24時間の看護が必要になった。最初のうちウーナ夫人は一人で看護していたが、夫人の体力が続かなくなって看護師と交代で看るようになった。

クリスマスの死

チャップリンの容態がおかしいと聞きつけた朝日新聞ジュネーブ支局長の川上洋一特派員はチャップリン邸を訪れた。その模様を12月3日の夕刊に掲載している。「チャップリン氏のこのごろの生活について、ウーナ夫人は口を閉ざして語らない」で始まる、かなり長い記事だ。このころは８人の子のうち６人が独立しており、家にはチャップリン夫妻と５女でこの日に１８歳になったアネット、末っ子で１５歳の３男クリストファーそして女性秘書と数人の使用人だけだった。２階中央のチャップリンの寝室は窓が固く閉ざされ、玄関には車いすがぽつんと置かれていた。

川上特派員は邸内に入れてもらった。１階の書斎の隅には譜面台があり、そこには若き日のチャップリンの写真入りのパンフレットが載っていた。地下の資料室に入ると、チャップリンの映画のフィルム、新聞の切り抜きが整理されてあり、壁には『モダン・タイムス』の日本語のポスターだけが数枚貼ってあった。秘書のフォードさんは「（チャップリンは）今でも日本の思い出をよく話します」と語った。

その数日前の１１月３０日に伴淳三郎《ばんじゅんざぶろう》ら日本の喜劇俳優１０人余りが日本人形のお土産を抱えてチャップリン邸を訪ねたが、チャップリンは寝室から出ず、一目会う目的はかなえられなかった。チャップリンはそのころ、客に会うどころではなかったのだ。

それから１ヵ月もしない１２月２４日のクリスマス・イブ。知人たちには４月に撮影したチャップリンの最後のポートレートをあしらったクリスマス・カードを送った。チャップリン邸には、スペインで仕事中だった長女のジェラルディンを除く、一家全員が集まった。孫を含めると相当の数だ。

地元のコルシエ村の住人、７３歳のジャン・アンモーさんは、それまでの２０年間ずっとやってきたようにサンタの衣装でチャップリン邸を訪れた。病床のチャップリンが「サンタは来るよ」と言ったのに応えたのだ。チャップリンは彼の素顔を見たことがなく「サンタさん」として付き合っていた。

実は、チャップリンはクリスマスが嫌いだった。小さいころにもらったクリスマス・プレゼントといえば、オレンジ１個だけだったからだ。苦い思い出のクリスマスはその後、子どもたちの祝福や「サンタさん」の訪問で年とともに癒され、チャップリンにとっても楽しみな日となっていた。

「サンタさん」がクリスマス・ツリーからプレゼントをとって、それぞれに配った。チャップリンから子や孫たちへのプレゼントも渡された。子どもたちからチャップリンへのプレゼントは寝室に届けられた。子や孫の喜ぶ声が聞こえるようにと、寝室の扉は半開きのままにされた。プレゼントをもらってはしゃぐ子や孫の声が階下から響いてくる。その声を耳にしながらチャップリンは目を閉じた。

クリスマス未明の２５日午前4時、チャップリンは眠ったまま息を引き取った。何かおかしいと感じたウーナ夫人ら家族に見守られての、安らかな臨終だった。享年８８。死因は老衰だった。世界の４００万人を楽しませた男は、喜びに包まれて世を去った。

いまわの際のチャップリンの耳に聴こえた子どもたちの歓声は、88年の生涯に作った81の映画を観た観衆の歓声、アカデミー賞の会場のスタンディング・オベーションとも重なって、チャップリンの脳を幸せに満たしたのではないか。意識が薄れる中、さながら彼を天国に迎える天使のファンファーレを聴くように思いながら、彼は最後に作ろうとした映画の「天使の翼」を羽ばたかせ、天に昇って行く思いだったのではないか。

時代を超えた記念碑的存在

その12月25日の夜、東京・銀座の映画館では、たまたまチャップリンの歩いて来た道をつづった『放浪紳士チャーリー』を上映中だった。映画の終わり近く、突然、場内アナウンスが低い声で告げた。「チャップリン氏がきょう亡くなりました」。ウッと息をのむ気配が場内のあちこちに起きた。エンドマークが出て明るくなった瞬間、満員の観客は手をたたき始めた。拍手はどんどん大きくなり、いつまでも続いた。

映画監督の山田洋次氏は、「男はつらいよ」シリーズの20作目に当たる正月作品の『男はつらいよ　寅次郎頑張れ！』の完成試写を終えたばかり。スタッフと自宅近くの寿司屋の座敷で飲んでいた。撮影中の苦労話をするうちにチャップリンの厳しい仕事ぶりに話が及び、終わったばかりの仕事を反省する気分になった。そこに自宅から電話があり、チャップリンの死が伝えられた。山田監督は店いっぱいに聞こえる大声で「おい、チャップリンが死んだぞ！」と叫んだ。

「チャップリンの映画を観ると、その画面のすみずみまで観客を楽しませよう、幸福な気持ちにさせようという気分がみなぎっている。凄まじい執念のようなものに、恐ろしくなることすらある」と山田監督は言う。そしてこんなエピソードを紹介した。『街の灯』の最後で監獄から出てきたチャーリーのズボンの尻に穴があき、そこからワイシャツのすそが飛び出している。いっしょに観ていた「寅さん」役の渥美清が大笑いの観客席の中で一人、深いため息をついて「あそこまでやるんですね、あの人は」とつぶやいたという。

山田監督は、そのうえでこう語る。「芸術とは人を楽しませることだという言葉を、私はチャップリンの作品を観ながら思わずにはいられない。人を楽しませよう、喜ばせようという努力が、いつしか人に悲しみや怒りや、その他さまざまな感情を伝える作品となって実り、ついには芸術の栄誉を勝ち得て行くという過程を、チャップリンの仕事の中に見る」。

12月26日の朝日新聞は1面の3分の1を割いて「チャップリン氏死去」を知らせた。「笑い武器に　全体主義と闘い88年」という大見出しがおどる。わきには「常に底辺への共感」という題で菅原伸郎記者が評伝を書いた。「チャップリンこそは『映画の世紀』を支えた巨人であり、見せ物にすぎなかった媒体を文化にまで引き上げるきっかけを作った男だった」と称えている。

社会面はその1面と2面とを見開きでチャップリンに割いた。二つ合わせると新聞紙面の1ページ分になる。1面は「自由こそ生涯の信条」の見出しを掲げ「『世界市民』チャップリン語録」を掲載した。語録はこのようなものだ。

「私は政治家でもなければ、政治的信条というものも持っていない。ただ個人主義者であって自由を熱愛する者だ。それが信条」「私は世界市民である。イギリスのロンドンに私が産まれたのは偶然であって、ビルマでも中国でもチンブクツーであっても、少しもさしつかえなかった」「左翼と言われるが、私は一度もマルクスを読んだことがない。私は教育のない人間です。映画企業家としての私はむしろ資本家だろう。願いはただ笑わせることだけです」。

2面はチャップリンへの追悼文だ。映画評論家の岩崎 昶《あきら》氏は「チャップリンの映画に死はない。永久に新しい。それは昔から彼が『新しさ』というものに何の重要性もおいていなかったからである。ある人は彼を、ローマ以来2千年も連綿と続いているクラウン（道化）の伝統を継ぐ者としている。彼も自分の職業――人を笑わせる、という――の古さをだれよりもよく知っている」と述べた。

もちろん世界の映画人はそれぞれの思いを語った。フランスのルネ・クレール監督は「彼は、国と時代を超えた、映画の記念碑的存在だった」と少ない言葉で最高の評価を贈った。イギリスの俳優ローレンス・オリヴィエは「彼は、すべての時代を通じて最も偉大な俳優だった」と称え、チャップリンの物まねから始めたアメリカのコメディアン、ボブ・ホープは「私たちは、彼と同じ時代に生きることができて幸運だった」と賛辞を述べた。

チャップリン夫妻の墓

チャップリンの葬儀は年の瀬の27日、ヴヴェイの英国国教会で行われた。ウーナ夫人ら家族のほかはイギリス大使が出席するくらいの簡素なものだった。黒と銀のビロードで覆われた棺はコルシエ村の小さな墓地に運ばれ、小雨の中で埋葬された。

ところが2ヵ月余り後の1978年3月、墓があばかれて棺が消えた。死体の誘拐犯から身代金60万スイス・フランを要求する電話がかかった。やがて捕まったのは失業中の外国人労働者ら2人組だ。棺は20キロ離れたレマン湖畔の麦畑に埋められていたことが分かり、16日後に元の墓に戻った。

チャップリンの死後、ウーナ夫人はアメリカで女優となり、1981年には映画にも出演したが、その後はスイスに戻ってチャップリン邸で暮らした。チャップリンの死後14年たった

チャップリン夫妻の墓

1991年、すい臓がんで亡くなり、チャップリンの墓の側に葬られた。66歳だった。

チャップリンとウーナ夫人の墓を訪ねてみよう。博物館の前のバス通りを下って行くと、20分ほどで歩いて行ける。

その途中、彼がよく通った三角屋根のレストラン「シェ・フランシーヌ」がある。ちょっと寄ってみよう。壁には『犬の生活』でチャップリンが犬と並んで座った場面の絵が掲げてある。彼がいつも座ったのは暖炉のそばの4人がけの丸テーブルの、暖炉に近い右側の席だ。空いていれば、だれでもここに座って食事することができる。

店の前に小さな公園がある。「チャップリン公園」だ。近くの墓の表示のある小路を通ると墓地に出た。丘の中腹に石の墓碑が並ぶ。その一角に幅1メートルほどの白い大理石の板を立てた同じ形の墓碑が二つ、並んでいる。右がチャップリンの墓で、「チャールズ・チャップリン　１８８９—１９７７」の文字、左はウーナ夫人のもので「ウーナ・チャップリン　１９２５—１９９１」と彫られている。墓の前は2メートル四方くらいの花壇となり、ピンクの花が咲き誇っていた。周囲は植え込みで囲われている。チャップリンの墓碑の上には、誰かが残したのだろう。ロウソクが3本、置いてあった。

「チャップリン博物館」で買ったお土産をとりだした。チャップリンの名言を印刷した栞《しおり》と葉書だ。いずれもチャップリンのシルエットが入っている。

「人生は美しくすばらしいものだ。クラゲにさえ」

「下を向いていたら、虹を見つけることなんてできやしない」

「笑いがない日なんて、無駄だ」

「死とともに避けられないことがある。生きることだ」

墓の前で読むと、チャップリンの遺言のような気がした。

ここからバスでヴヴェイの中心部に戻り、レマン湖畔に着いた。湖から吹き付ける風が爽やかだ。湖畔の遊歩道を歩くと、チャップリンの銅像に行き当たった。山高帽をかぶった放浪紳士チャーリーの姿だ。右手に持ったステッキが湾曲《わんきょく》するほどしなっている。腕に力を込めている様子だ。左手はバラの花を一輪、親指と人差し指ではさんで胸にあてている。足元のプレートには「チャーリー・チャップリン・スクエア」と書いてある。１９８９年４月１６日、チャップリンの生誕１００年を記念して作られた。

チャップリンの生涯に思いを馳せながら湖のほとりの石に座った。湖面は真っ青で、見上げる空は雲一つない青空。湖と空の境には緑の丘陵が伸びる。その向こう、レマン湖の南岸には澄んだ天然水が湧き出てミネラル・ウォーターが採取される、フランスのエヴィアンがある。自然の清浄さを絵に描いたような風景だ。

見とれていると、野生の白鳥が一羽、スーッと静かに泳いで近寄ってきた。真っ白な身体の首をすっくと伸ばし、こちらを見つめる。「真っ当に生きているかい？」とチャップリンから聞かれたような気がした。

第6章　オードリー・ヘプバーンと『ローマの休日』

安息の地

チャップリンと同じくスイスのレマン湖のほとりで晩年を過ごした名高い映画俳優がいる。『ローマの休日』で一世を風靡したオードリー・ヘプバーンだ。ローザンヌの西にあるトロシュナ村の古い家を彼女が購入したのは1965年。チャップリンがスイスに移住してから12年後だった。元は農家だが、2階建てで屋根裏部屋付きの構えはチャップリン邸と同じだ。

彼女はこの家を「ラ・ペジーブル」と名づけた。フランス語で「安息の地」という意味だ。移り住んだのは『マイ・フェア・レディ』が公開された翌年。心身ともに疲れ果ててしまい、くつろぎの場所が欲しかったのだ。1993年に亡くなるまでここに住んだ。十字架の形をした墓もこの村の墓地にある。彼女にとっては願い通り、安息の地となった。

チャップリンの博物館に行くなら、ヘプバーンゆかりの地も訪ねたい。チャップリンと違って、住んでいた家は博物館にはなっていないので、中を見るわけにはいかない。家と墓を一見するだけで満足できなければ、彼女の生活の足跡をたどる散歩をしよう。訪ねる先は、トロシュナから歩いて10分、ジュネーブからだと列車で40分ほどの町モルジュだ。

バリアフリーを絵に描いたように平らにそろえられた石畳が伸びる。両側に石造りの3、4

階建ての家が並ぶのが、目抜き通りグラン・リュ（大通り）だ。その一角にある2階建ての「ボル財団」がヘプバーンの博物館である。小さい建物なので注意しないと見過ごしそうだ。ガラス張りの入り口のわきには、ヘプバーンが踊る写真が掲げてあった。

入った部屋の壁には、ヘプバーンが豪華なソファに横たわって微笑む等身大に近い写真が貼ってある。その前の椅子に座ると、ヘプバーンと対話している気分になる。まずはラックにかけてあるヘプバーンの絵葉書をゆっくり見よう。

2階に上がると、ヘプバーンの写真やポスターが展示してある。半世紀以上も前の『ローマの休日』公開時のポスターや、彼女が扮した「アン王女」の写真、『麗しのサブリナ』のスティール写真や彼女が載った世界の雑誌、本などもある。展示はそのときどきで変化し、映画で着た衣装や『ローマの休日』で乗ったスクーターが置かれたこともあった。私が訪ねたときは、ヘプバーンの終生の友だったデザイナーのジバンシィが彼女のために作った

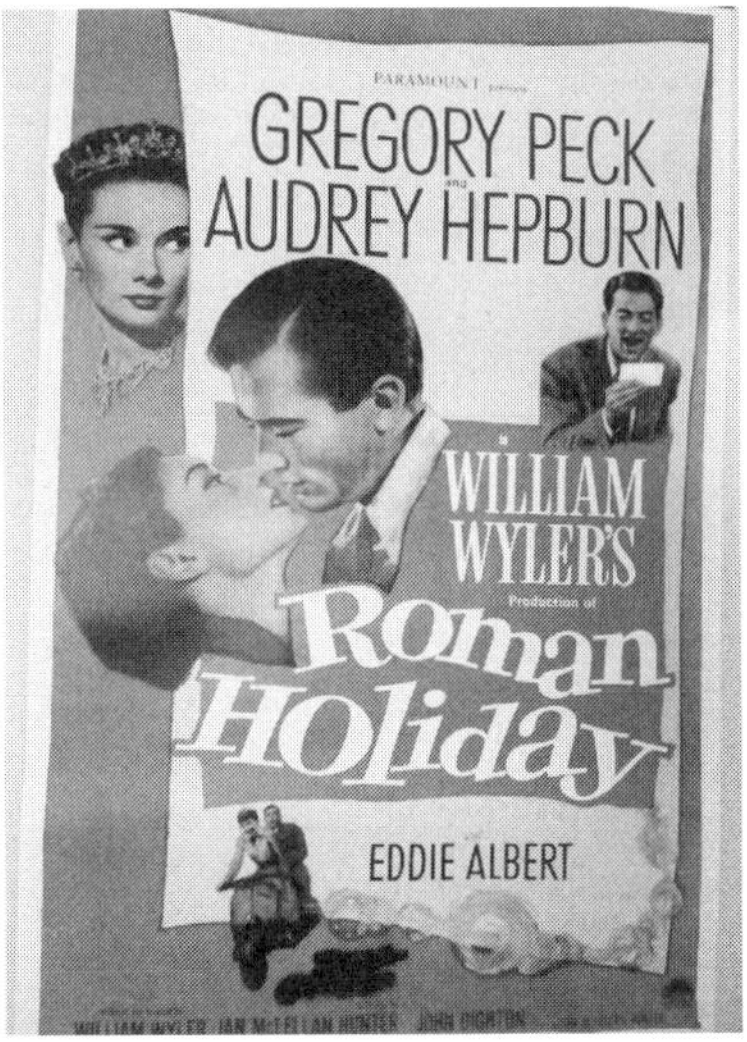

『ローマの休日』のポスター
＝ボル財団で

衣装の写真が壁にずらりと掛けてあった。

ここから大通りを5分歩くと、市役所だ。ヘプバーンが2度目に結婚したときに式を挙げた場所である。重厚な石造りで、入り口は6角形の塔になっている。入り口の壁にはプレートがはめ込まれ「ここでオードリー・ヘプバーンとアンドレ・ドッティの結婚式が1969年1月18日に執り行われた」とフランス語で彫ってある。ドッティはクルーズで知り合ったイタリア人の精神科医だ。

しかし、二人は年齢が9歳違う。しかもヘプバーンの方が年上だ。交際が始まったばかりのころ、ドッティはこう話した。「僕がまだ14歳のとき、『ローマの休日』を見て家に駆けて帰り、映画の中で王女さまを演じたきれいな女の人と結婚するんだと母親に宣言した」というのだ。それから16年後、言葉通りに実現した。まあ、チャップリンとウーナ夫人の36年の年齢の開きに比べれば、9年の差くらいなんでもないように思える。

結婚式がイタリアでなくスイスだったのは、ヘプバーンが離婚した直後だったからだ。カトリックのイタリアでは離婚の規制が厳しく、国内で結婚式を挙げるのは難しかった。

市役所に入って内部を見学することもできる。挙式のときにヘプバーンが身にまとったのは、薄いピンクのミニドレスだった。ジバンシィがデザインして贈ったものだ。その写真も絵葉書となって「ボル財団」で売られている。

もう一つ、同じ大通りに面して、ヘプバーンがしばしば通ったカフェがある。「コンフィズリー・フォルヌロ」。家族経営の喫茶店で、入り口は自家製チョコレートの売り場、奥は壁に沿ってテーブルと椅子が並ぶ。壁にはジバンシィがヘプバーンの衣装を調整する写真がかけてあった。

自由のために闘う映画人

チャップリンとヘプバーンは、ただスイスで余生を全うした映画人というだけではなく、意外な共通点が多い。ともに、さまざまに混血したイギリス人で、ナチスに対抗し、社会のために行動し、何よりも周囲に染まらず自立を貫いた。そしてもう一つ、「アカ狩り」の影響を受けたことも。なにせ『ローマの休日』は、いわば「アカ狩り」から生まれたような映画だからだ。

オードリー・ヘプバーンを一躍、世界のアイドルに押し上げたのが映画『ローマの休日』だ。彼女はこの作品でアカデミー主演女優賞を獲得した。このとき２４歳で史上最年少の受賞者だった。そのさい、映画のシナリオもアカデミー脚本賞を獲得した。このときの受賞者の名はイアン・マクレラン・ハンターとなっていた。しかし、のちに名前が入れ替わった。

実際にこの映画のシナリオを書いたのは、「アカ狩り」の犠牲となったハリウッドきってのシナリオ・ライター、ドルトン・トランボである。非米活動委員会に召喚されて証言を拒み逮捕、収監された10人の映画人「ハリウッド・テン」の中心人物だ。トランボの名前でシナリオを書いても採用されないことが明らかだったため、友人のハンターの名を使ったのだ。

「アカ狩り」の時代のトランボの苦悩を描いた映画が『トランボ――ハリウッドに最も嫌われた男』だ。彼は当時、ハリウッドでも最高の売れっ子ライターだったが、東西冷戦の中で共産主義者とみなされ、非米活動委員会に召喚されて尋問を受ける。そこでアメリカ合衆国憲法にある言論の自由を主張して証言を拒否し、議会侮辱罪で禁固1年の実刑判決を受け、服役した。当時のアメリカは憲法に書かれた権利が保障されない異常な社会だったのだ。

服役後も、名前を出せば周囲から反発されて仕事が得られなかった。仕方なく別の名前を使い、しかも格安で仕事を引き受けて細々と収入を得るしかなかった。その彼を助けて実名でシナリオを書かせ、復権への道筋をつけたのが『スパルタカス』の制作を指揮し主演したカーク・ダグラスである。そんなことをすれば彼自身がにらまれるのに、あえて勇気ある行為に踏み切った。2020年2月に103歳で亡くなった彼もまた、気骨ある映画人である。

まだ復権できない時代に、トランボが匿名《とくめい》で書いたシナリオが『ローマの休日』だ。それをトランボの作品と知って採用したのが、ウイリアム・ワイラー監督である。彼もまた、というより、彼こそ民主主義の先鋒に立った勇気ある映画人だ。非米活動委員会の魔女狩りに正面から反対した。

ワイラー監督はラジオで「非米活動委員会は人々に脅威を与えて意見を表明させないようにしています。ハリウッドに恐怖をもたらし、表現の自由を奪っています」と堂々と述べた。「立憲政治を信ずるアメリカ市民として……非米活動委員会による聴聞会は、論理的に誤った方法であると考える。個人の持つ政治的信条への公的な調査は、われわれの民主主義の根本理念に反する」とも主張した。

同じようにラジオで力強く語った俳優がいる。「私はグレゴリー・ペックです。反共ヒステリーが国民の自由を脅かしています。弾圧による悲劇です」という声が電波で流れた。この時期、ロサンゼルスで非米活動委員会に反対する映画人の大規模な集会が開かれ、7000人もの人々が参加した。その中にはカーク・ダグラスもグレゴリー・ペックもいるし、『カサブランカ』のハンフリー・ボガートもいる。チャップリンの妻だったポーレット・ゴダードもいた。

ハリウッドの映画会社も最初は非米活動委員会に反対だった。しかし、大手の映画製作会社は脅されて極右の政治家に取り込まれ、非米活動委員会に賛同する「ウォルドルフ・アストリア声明」を出した。ここから映画界は急速に反共に染まっていく。

息苦しくなったハリウッドを逃れ、わざわざローマに行って撮影したのが『ローマの休日』だ。この時代、映画のほとんどはハリウッドのスタジオにセットをつくって撮っていた。海外まで出かけて、それも野外ロケで全編を通すのはきわめて例外だ。ハリウッドで撮影してはまずいという事情が背景にあったからにほかならない。

その映画にヒロインとして抜擢されたのがオードリー・ヘプバーンだ。これがハリウッドのデビューで、それまで映画界ではほとんど無名だった。彼女は、どんな人なのか。人生をたどってみよう。

抵抗運動の少女ヘプバーン

オードリー・ヘプバーンは1929年の5月4日、ベルギーの首都ブリュッセルの郊外の町イクセルで生まれた。その5ヵ月後にはアメリカで大恐慌が起きた激震の年だ。

父は現在のチェコであるボヘミア生まれのイギリス人。母はオランダの男爵家の3女、つまり貴族だった。父は銀行家と言われてきたが、そんな過去はない。職業を転々とした怪しい人だ。イギリス人なのにナチスを信奉するファシズムの運動に参加し、ドイツまで行ってヒトラーに会った。家族を捨ててイギリスにわたり、ファシズムの運動に専念した。ロンドンのドイツ大使館が管轄するヨーロッパ通信社の取締役を肩書とし、ナチスのためになる情報を収集した。早い話がドイツのスパイとなったのだ。このため第2次大戦中はイギリスの警察に逮捕されて収監されている。

母も父の影響で一時はファシズムに走ったが、夫の浮気がきっかけで離婚してからは反ナチの抵抗運動に関わった。

父親が突然いなくなったのは、ヘプバーンがイギリスの寄宿舎付きの小学校に入学した直後だ。彼女は勉強のかたわら、近所のバレエ教室に通った。イギリスがドイツに宣戦布告すると母親は彼女をオランダに呼び寄せた。中立国なので、こちらの方が安全だろうと考えたのだ。オランダのアルンヘムに住み、ここでもバレエに励んだ。ところが翌年、ドイツ軍がオランダに侵攻し全土を占領下に置いた。ヘプバーン家の財産もドイツ軍に没収された。

オランダ軍の兵士となっていたヘプバーンの上の兄は地下のレジスタンス運動に入った。下の兄はヒトラーユーゲント（ナチスの青少年組織）への入隊を拒否したため強制収容所に入れられた。抵抗運動をした伯父は捕まって処刑された。

ヘプバーンも母に言われてレジスタンスの手伝いをした。地下組織のメンバーに新聞を届ける役割だ。大きめの木靴の中に新聞を敷き、自転車でカフェにいたメンバーに届けた。地下組織の資金にするため、あちこちの家でバレエを踊ってカンパを集めた。イギリスのパラシュート部隊が近くの森に降下すると、レジスタンスの伝令として兵士に伝言を渡した。行動が怪しいと、ドイツ兵にいったん拘束されたこともある。すきを見て逃げ出し、廃墟となった家の地下室に隠れた。そこで1ヵ月も飲まず食わずで隠れたという伝説のような話もあるが、そのくらい長期にわたって行方不明になったのだ。

戦況が厳しくなってくると食べ物がなくなり栄養失調になる。1日1食の日々で、それも野草を摘んでスープにするような乏しい食事だった。栄養不良でたびたび貧血を起こした。ようやく戦争が終わったとき、16歳の彼女は身長168センチの長身なのに体重は41キロしかなかった。

再びイギリスにもどり、ロンドンでバレエを学んだものの、今一つ伸びない。そこでミュージカルに転向した。ショーを見た映画会社の部長からスカウトされ、『天国の笑い声』という映画でたばこ売りの娘になった。せりふは「こんにちは、煙草はいかが?」だけだ。

モナコのホテルで別の映画の撮影中に、車椅子の老婦人が彼女を見つめて言った。「私のジジがいる」。老婦人はフランスの作家コレットだ。自分の小説『ジジ』がニューヨークのブロードウェイで上演されるので、その主役を探していた。イメージにヘプバーンがぴったりだと折り紙を付けたのだ。こうして見出されたヘプバーンはニューヨークの舞台に立つことになった。運が良かったこともあるが、見出されるだけの魅力を備えていたのだ。

舞台だけでない。同じ時期、主役を探していた映画からも声がかかった。『ローマの休日』である。アメリカのパラマウント映画のロンドン駐在員が『天国の笑い声』の映画に出て来る「たばこ売りの少女」に注目した。テストで撮ったフィルムを見たワイラー監督は王女役にぴったりだと喜び、あっという間に採用が決まった。

この時代、ヘプバーンといえば女優のキャサリン・ヘプバーンが有名だった。このため名前を変更するように迫られたが、彼女は「受け入れるなら丸ごとの私を」と主張して、あくまで本名にこだわった。無名の自分でも人間としての存在が認められるべきだという矜持《きようじ》を持っていたのだ。

『ジジ』の公演が好評のうちに終わると、ヘプバーンは2、3時間の仮眠のあと、ニューヨークからローマに飛んだ。舞台と映画と、一度に二つの大役が回ってきただけに目が回るような忙しさだったろう。いや、実はもう一つあった。この時期、大富豪に見初められて婚約していたのだ。しかし、結婚はどんどん先延ばしにされ、とうとう解消してしまった。

『ローマの休日』の隠れたテーマ

あまりにも名高い映画『ローマの休日』だが、1953年という大昔の作品だ。筋を追ってみよう。アン王女がヘプバーン、相手役の新聞記者ジョーは、ハリウッドの良心を体現した名優グレゴリー・ペックである。

ヨーロッパの王国のアン王女が親善旅行でローマにやってきた。形式的な儀式の連続でうんざりし、ヒステリーを起こす。主治医が鎮静剤を打ったが寝付けない。外から聞こえる楽しい音楽に誘われて宮殿を脱出した。鎮静剤でフラフラするのを酔っ払いと間違われ、アメリカ人の新聞記者ジョーのアパートで寝込む。

翌朝、アン王女の正体に気づいたジョーは特ダネだと張り切る。素知らぬ顔で名をたずねるが、聞かれたアン王女は困ってしまった。さすがに本名は出せないが、他に思いつく名がない。アンちゃんという意味のアーニャと名のる。このあたりがいかにも世間慣れしてない深窓《しんそう》の令嬢、いや王女らしい。

ジョーの案内でローマ市内の見物を楽しむ王女を、カメラマンのアーヴィングが秘かに撮影する。ここで使うライター型のカメラは日本製だ。スペイン広場でジェラートを舐める王女、隠し事がばれてしまうのではないかと「真実の口」に手を入れるのをためらう王女、サンタンジェロの水上パーティーでは、王女を捜索に来た情報部員たちと乱闘をくりひろげる。こうした中で王女とジョーは互いにひかれるが、王女は自分の立場を考えざるをえない。ジョーと普通に暮らす夢を捨てて宮殿に戻った。

アーヴィングが撮った写真はすばらしいできで、公表すれば大特ダネになる。大金がころがりこむ。しかし、王女にとってはスキャンダルで、厳しい立場に追い込まれるだろう。ジョーは公表を断念した。翌日の記者会見でジョーは、秘密を守ることを王女に暗に伝える。アーヴィングは隠し撮りした写真をすべて王女に渡す。万感の思いで見つめ合う王女とジョー。王女はさわやかな、それでいて名残惜しそうな笑顔とも泣き顔ともつかぬ顔を見せる。その印象的な顔を見て、世界はヘプバーンに恋をした。

この最後の表情をどうするか。演技経験の乏しいヘプバーンは困惑した。泣く場面だと思ったが、涙が出てこない。するとワイラー監督が怒鳴った。「一晩中、ここにいるわけにはいかないんだ！　きみは泣くこともできないのか⁉」。それまで優しかった監督の豹変に、ヘプバーンはたまらず泣き出した。その表情をカメラに収めたのだ。あとでワイラー監督は「悪かったね。でも、きみを泣かせる方法を見つけなきゃならなかったんだ」と言ったと『オードリー・ヘップバーン』（筑摩書房）に出ている。映画『ライムライト』の中で、テリー役のヒロインをチャップリンが泣かせたのと同じ手口だ。

「真実の口」に手を突っ込む場面も印象的だ。『オードリー・ヘップバーン』によると、グレゴリー・ペックはヘプバーンにないしょで、手を袖口から引込めて手が切り落とされたように見せた。驚いたヘプバーンが悲鳴を上げ、冗談だとわかるとペックの胸を両手でたたいた。素晴らしい演技のように見えるが、演技ではなくて本当に驚いたから素直に反応したのだ。

スペイン階段は137段ある。スペイン大使館が近いため、この名がついた。映画が公開されたあと、画面のヘプバーンをまねて観光客がジェラートを舐める風景が日常となった。1970年代、広場の下にはジェラートの屋台が出て観光客が群がっていた。しかし、2012年に訪れるとジェラートの屋台がなくなっていた。ジェラートで階段が汚れるため禁止になったという。2019年に行くと、観光客がゴミを散らかすため、階段で座ったり寝そべったりするのも禁止となった。堅苦しい王女でさえできたことが、今や自由な一般人にさえできない。

この映画のテーマは、王女と記者の秘めた愛情だが、隠れたもう一つのテーマがある、と映画評論家の吉村英夫氏は『ハリウッド「赤狩り」との闘い』（大月書店）で語る。ジョーがせっかくの特ダネを断念したのは、愛する王女の苦悩を思いやったからだ。さらにカメラマンのアーヴィングも思いとどまったのは、金よりもジョーとの友情を優先したからだ。「アカ狩り」のアメリカでは密告が奨励され、不信と裏切りがはびこり映画人は疑心暗鬼になった。そんな中で『ローマの休日』は映画を通じて人間信頼を宣言した、と吉村氏は喝破《かっぱ》する。

理不尽な「アカ狩り」の真っただ中で民主主義を信奉するワイラー監督が渾身の力を込めて製作した作品だ。単に身分が違う男女の愛情物語にとどまらない。この作品がなぜ後々までも人々の心をつかんでいるのかを考えれば、こうした歴史的、政治的な背景の中での製作者たちの意図に思い至る。それを読み取ることでいっそう味わいが深くなる。

志願してユニセフ大使に

映画の中で王女は長い髪を切ってショートカットにする。これでいっそうチャーミングになった。映画が公開されると、日本の女性に「ヘプバーン・カット」が大流行した。バックは襟《えり》足《あし》いっぱいにカットする。こんなに短い髪にした理由の一つが、このときのローマの猛暑だ。室内で40度あった。

ヘプバーンが着た半袖のシャツと、ウエストが絞られたロングスカートのファッションも流行した。ちなみにヘプバーンのウエストはこのとき51センチだった。ほぼ無名だった女優が、あっという間に世界に影響を与えたのだ。

髪形やファッションだけではない。何をもって女性に美を見るかという基準も変えた。それまではマリリン・モンローのようなグラマーで官能的な女性がもてはやされた。しかし、ヘプバーンの出現によって、きゃしゃでスリムな体をし肉体的なセクシーさよりも清楚《せいそ》で妖精のような美を求める方向に転換した。ヘプバーンは映画だけでなく一人の女性としても世界に影響を与えたのだ。

さらに一人のあるべき人間として存在感を示し、助けを求める世界の人々のために尽くした。

後にヘプバーンはアンネ・フランクの日記を読み、彼女が同年で、しかも悲惨な戦中の時代に近くに住んでいたことを知った。アンネ・フランクの映画でアンネの役をしないかという誘いを受けたとき、「あの聖人のような人を利用して金もうけをしたいとは思いません」ときっぱり断った。

1959年の『尼僧物語』でも主役となった。ベルギー人の看護師が修道院に入ってシスターとなる。看護の奉仕活動をし、アフリカのコンゴで献身的に尽くす。第2次大戦で祖国がナチス・ドイツに蹂躙《じゆうりん》されると、戦争に対して無力な神に初めて疑問を持つ。反ナチスの地下組織の看護師を志願して修道院を去る、という筋だ。

まるでヘプバーンの少女時代からの人生を下敷きに描いたような作品である。そしてヘプバーン自身、この映画に沿うような人生を送った。1987年にマカオで開かれた国際音楽祭の来賓として招待され、国連児童基金（ユニセフ）の支援活動をした。自身が幼い時にユニセフの前身である連合国救済復興機関から助けてもらったことに恩義を感じ、お返しをしたいと考えたのだ。

これがきっかけでユニセフの活動に入った。ジュネーブのユニセフ・ヨーロッパ事務所を訪れ、人道支援の活動にかかわりたいと自ら志願した。1988年にはユニセフの親善大使に任命された。早くもその2週間後にはエチオピアを訪れ、ユニセフが食糧支援していた孤児院を慰問した。さらにトルコや、ベネズエラなどの南米諸国、翌年はエルサルバドルなど中米やアフリカのスーダン、さらにバングラデシュを訪れるなど精力的に世界の貧困地域をまわった。

ただユニセフ当局に言われるままに現地を訪れたのではない。1991年の湾岸戦争のさいには、「こんな戦争を引き起こした不正に抗議することがユニセフの義務ではないでしょうか」と反戦スピーチをした。亡くなる4ヵ月前にもソマリアを訪れた。その旅で体の不調を訴え、がんであることがわかったのだ。

ロサンゼルスで手術を受けたが、がんは大きく転移し、もはや回復は不可能だった。動けなくなったヘプバーンが最後に望んだのは、スイスのトロシュナの自宅「安息の地」に戻ることだ。衰弱がひどく、普通の飛行機には乗れない。終生の友となったデザイナーのジバンシィが友人に頼んでプライベート・ジェット機を手配した。このときジバンシィはヘプバーンに「あなたは私の人生のすべてです」と語ったという。

1993年1月20日、「ごめんなさい、そろそろ行くわ」の言葉を残して、ヘプバーンは永眠した。アメリカから駆け付けたグレゴリー・ペックは葬儀で彼女が好きだったタゴールの詩「終わらぬ愛」を朗読した。

グレゴリー・ペックの良心

映画に慣れないヘプバーンを『ローマの休日』で一躍、最高のヒロインに育てあげるのに貢献したグレゴリー・ペックについても記したい。

彼はあらかじめシナリオを読み共感できる配役しか受けなかった。特に積極的だったのが社会正義や人種の平等などのテーマだ。『アラバマ物語』では人種差別の強いアメリカ南部を舞台に、黒人容疑者を救おうとする白人の弁護士を演じた。この作品でアカデミー主演男優賞を得た。アメリカ映画協会は、この役をアメリカ映画史のヒーロー第1位に選んだ。

彼が体現したのは「アメリカの良心」だ。リベラルな政治発言を繰り返し、レーガン元大統領に反対して保守的な裁判官の最高裁判事就任を阻止する運動をした。スクリーンだけの映画俳優ではなく、現実の社会正義のために闘う市民を貫いたのだ。

ウォーターゲート事件で失脚したニクソン大統領は、彼を政敵リストに載せた。レーガンもニクソンも、あの「アカ狩り」の時代にマッカーシー議員を支持し、ハリウッドからリベラル派を一掃するために奔走した人物である。そんな政治家たちを相手に、ペックは信念を曲げず堂々と主張した。アカデミー協会の会長やハリウッド俳優組合の会長も務めた。「(同じ俳優出身の）レーガンが大統領になるなら、あなたこそ大統領に出馬を」と言われたが、俳優人生にこだわった。

彼は2003年6月にロサンゼルスで亡くなった。87歳。死因は老衰とされた。当時、朝日新聞のロサンゼルス支局長をしていた私は、市中心部の教会で催された葬儀に駆け付けた。スピルバーグ監督は「彼の遺産は映画だけではなく、威厳に満ちた道徳的な生き方だ」と語り、葬儀を執り行った枢機卿《すうききょう》は「彼はアメリカが必要としている役を演じた」と追悼した。

グレゴリー・ペックの宣伝担当だったモンロー・フリードマン氏は「『ローマの休日』の撮影の6ヵ月が俳優生活で最高の日々だった、と彼は話した」と思い起こす。数々の映画に出たアメリカ映画史上に輝く人格者の彼にとっても、この映画は忘れられないものだったのだ。

グレゴリー・ペックの人生を振り返ってみよう。父親は貧しい薬局店主だ。6歳のときに両親が離婚し、彼は夜警のアルバイトをしながら高校に通った。名門のカリフォルニア大学バークレー校の医学部に入学すると、皿洗いや寮の掃除で学費を稼いだ。やがて作家を志望して文学部に転部した。4年のときに大学の演劇で『白鯨』の脇役を演じて、俳優の面白さに目覚めたのが映画俳優への転機となった。

こうしてみると、チャップリンを筆頭に、オードリー・ヘプバーンもグレゴリー・ペックも、けっして順調な人生を歩んだのではない。それどころか幼い時代は貧しさや戦争のもたらす災禍《さいか》と闘い、両親の離婚という精神的なショックを経ながら、たくましく自立した人生を生きたことで共通している。

ハリウッドの当時の映画界を俯瞰《ふかん》したいま、あらためてチャップリンの人生と作品を振り返ると、彼の存在の大きさが迫ってくる。あらためて思い出すのは、チャップリン邸の窓から見えたモミの大木だ。窓枠がちょうど額縁のようになって、空を向いて真っ直ぐにすっくと伸びる樹が、一幅の絵のように思えた。最初に見たときは、チャップリンは書斎からこの木のある風景を見て癒されたのだろうと思った。今、ここまで書き終えて思うのは、チャップリンはこの木を自分と重ねて見たのかもしれないということだ。

この木が植えられたのは1830年だった。チャップリンがこの家に入った1952年には、樹齢123年。それから25年間、彼はこの木を見続けたのだ。木の樹齢は間もなく200年になろうとしている。

チャップリンが最初に登場した映画『成功争い』からすでに100年以上がたった。サイレント時代の作品だけに今や古くさく思うのは当然だが、チャップリンが監督を兼ねるようになってからの作品は、いま見直しても古さを感じない。年を経てなお成長するこのモミの木のごとく、見る者の心を揺さぶり続けるのだろう。これからもなお。

第7章　スイスの魅力

亡命者を受け容れる風土

チャップリンやヘプバーンは、なぜスイスに引き寄せられたのだろうか。とりわけジュネーブに近い一帯が晩年の安住の地となったのには、どんな理由があるのだろうか。スイスという漠然と良い印象を受けるが、その魅力と現実を現地で探ってみた。

入国してすぐに実感したのは国民の優しさだ。ジュネーブで電車に乗ると、若者が年配者にさっと席を譲る。道路を横切ろうとすると、車がすぐに止まってくれる。今の日本では見られなくなった風景が、ごく自然にある。決断が速くて、相手の立場に立てる……それは、この国がモットーとしている自立の精神と多様性を尊重する社会の表れだ。

スイスはもともと、ヨーロッパの田舎だった。山だらけで耕作地に乏しく農業も不向きだ。産業といえば、牧畜のほかは人間を傭兵《ようへい》として外国に送り出すだけ。命を売って生きる貧しい国だったのだ。それが今や世界に冠たる時計や精密機械の産業国家となった。その陰にあるのが勤勉な国民性と亡命者を受け入れる優しさ、寛容な精神だ。

16世紀の宗教改革の時代、フランスの宗教改革者カルヴァンがジュネーブの政治の実権を握りジュネーブ学院を創立した。フランス国内のカルヴァン派の新教徒はカトリックと対立し、17世紀にフランスを追い出されてスイスに逃げてきた。彼らをユグノーと呼ぶ。その中に熟練した時計職人が多数いた。彼らの技術と、きれいな水が豊富にあるスイスの風土、コツコツと勤勉に働くスイス人の性格がマッチして独自の時計産業が育ったのだ。カルヴァン主義のため贅沢《ぜいたく》が禁じられて職を失ったスイスの金細工職人が、実用的な時計の製作に流れた。やがてカルヴァン主義が衰えるとプロテスタントだけでなくカトリックの諸国にも高級時計を輸出するようになり、今日の世界的な時計大国に発展する。

移民や難民、亡命者を受け容れることは、社会に新しい血と技術を注ぎ込むことでもある。長い目で見れば社会的、経済的な発展につながるメリットがある。今の世界でアメリカのトランプ政権に見られるような難民の締め出しは、自ら発展の道を閉ざす側面を持つのだ。

スイスのこの流れは今も続いている。ユーゴの内戦で祖国に住めなくなった人々が大量にスイスにやってきて市民権を得た。女性ジャーナリストのヤスナ・バスティッチさんは、1994年のボスニア紛争で戦火のサラエボを脱出し難民となってスイスに逃れ、スイスの市民権を得てパスポートも得た。スイスは今も昔も、困った人々を受け入れる風土なのだ。

もちろん常にそうとは限らない。第2次大戦中にドイツやオーストリアからナチスの迫害を逃れてきたユダヤ人を国境で追い返したことがある。今でもスラブ系の旧ユーゴの人々やボスニアから逃れてきたイスラム系の人々を見る目は厳しい。移民排除を主張する右派政党が支持を伸ばしている。とはいえ、大きく見ればヨーロッパの中ではかなり寛容な風土なのだ。チャップリンやヘプバーンがスイス、それもジュネーブの近郊に住もうと考えたのには、こうした歴史的な事情が背景にある。

多様性から中立へ

第2次大戦後の占領期にマッカーサー司令官は「日本は太平洋のスイスになれ」と言った。中立を目指すべきだという意味だ。たしかにスイスといえば、すぐに中立が頭に浮かぶ。確固とした自立と、それを守るための厳正な中立がスイスの特徴だ。

今から千年近く前、山に囲まれた地域が独自の生活圏を築いてミニ国家になった。侵略を狙う隣の強国オーストリアのハプスブルク家に対抗するため、シュヴィーツなど三つのミニ国家(州)が1291年に相互援助条約を結んだ。「永久同盟」という。もっとも、ハプスブルク家も元はといえばスイスの出身である。スイス北部の丘に築いた城の名が「ハプス(鷹)ブルク(城)」だった。周囲の地域との争いに敗れて「都落ち」し、政略結婚で軍事的な勝利以上の繁栄を勝ち得たのだ。オーストリアの悪代官に抵抗したウイリアム・テルが息子の頭上に置いたリンゴを弓で射たという伝説も生まれ、1353年には8州の盟約者団に発展した。これがもとなって、今では26州の連邦国家に発展した。

　連邦国家を構成する州の一つシュヴィーツがスイスの国名の元だ。シュヴァイツァーはドイツ語で「スイス人」という意味である。「密林の聖者」と呼ばれた医師アルベルト・シュヴァイツァーはフランスとドイツの国境地帯アルザス地方の出身だが、祖先はスイスと関係があるのかもしれない。

　スイスが中立を保ってきたのには理由がある。北にドイツ、東にオーストリア、西にフランス、南にイタリアと、お互いに敵対する強国に囲まれている。どこかと同盟を結べば必然的に他の国と敵対関係に陥り、国の安全が脅かされる。同盟を結ぶならすべてと同盟すべきだし、そうでなければどこととも同盟せず中立を貫くのが一番の安全保障になるという発想だ。とてもわかりやすい。その延長で考えれば、2国間同盟の日米同盟は最もまずい選択ということになる。たしかにすぐそばのアジアの隣国から敵視されがちだ。

　中立は自分だけが宣言しても他国が認めなければ機能しない。スイスは1618年からの主にドイツを戦場とした三十年戦争で意識的に中立政策を採用した。当時はフランスから穀物を、ドイツから塩を輸入し、イタリアにチーズなどを輸出していたから、中立を守ることが国益にかなっていた。というより、中立にしないと経済がどこかで破綻《はたん》した。

　こうした努力の結果、戦争が続いたヨーロッパの中で、スイスだけは平和を長年にわたって保つことができた。フランスの詩人ポール・ヴァレリーは第1次大戦中に、スイスを「ヨーロッパの荒海に浮かぶ平和な小島」と呼んだ。

スイスは多民族が住む多言語国家だ。スイスにスイス語はない。850万人を超す人口の約6割がドイツ語、2割がフランス語、1割がイタリア語、そして0・5%がロマンシュ語というイタリア語の方言のような言葉を話す。普通なら人口の半数以上を占めるドイツ系の国民に合わせてドイツ語を公用語にするところだ。

しかし、この国は四つの言語すべてを公用語にした。公平を期すためである。1%に満たない人口しかいない言語も公用語にするところに、多様性を尊重する姿勢が見える。連邦議会では、議員は四つのうちどの言語で話してもいい。通訳はいない。それを聞く他の議員が理解しなければならない。

これだけさまざまな民族がいっしょに住んでいるから、どこかの国と争えば国内が分裂する恐れがある。たとえばフランスと戦おうという声が出れば、国内のフランス系国民が反対するだろう。もし戦争に突入したら、国内にいるフランス系の人々がフランス側に立ち、内戦になるかもしれない。中立は国内の統一を維持するためにも必要なのだ。

この国の切手は国名を「HELVETIA」としている。公用語のうちどれか一つを使うと不公平になる。どの民族も優先させないため、ローマ帝国時代にこの地域に住んでいた先住民ヘルヴエティア族の名をとって、わざわざラテン語で表記したのだ。こうした公平性がスイスの信条だ。

ハリネズミの武装

ただの中立ではない。完全武装での中立だ。1674年には武装中立を宣言し、外国軍の領内通過を認めない方針を打ち出した。中立が国際的に認められた最初が、ナポレオン戦争終結後、1815年のウィーン会議だ。1848年のスイス連邦憲法で永世中立を明記した。さらに1919年、第1次大戦後のベルサイユ条約で中立が承認され、国際的に認知された。

スイスはよくハリネズミにたとえられる。こちらから攻撃はせず専守防衛に徹するが、攻められたら全力で反撃するし、ふだんから充分な備えをしている。

チャップリンがスイスに住み始めたとき、びっくりしたことがある。近くで自動小銃の激しい射撃音が続いた。チャップリン邸からほんの300メートルのところにスイス軍の射撃場があり、大演習が行われたのだ。あちこちに兵士が散らばり、何時間も立て続けに射撃した。猛烈な音のため、チャップリンはてっきり戦争が始まったと思った。しかも日曜の朝だった。

チャップリンは弁護士や市長に苦情の電話をかけ、スイスの大統領に手紙を出し、新聞に投書して善処を求めた。騒音のために健康が損なわれると主張したのだ。最終的には軍が防音設備をつけ、射撃日数と時間を減らすことで折り合った。

先進国としては珍しく、今も国民皆兵だ。男性はすべて19歳になると徴兵検査を受ける。20歳になれば18~21週間の新兵教育を受ける。5ヵ月ほどの短い期間だが基礎訓練を受けるのだ。全員に自動小銃が支給され、教育期間が終わると銃を自宅に持ち帰って保管する。寝室のベッドの下に置いておく人が多い。スイスの家庭の48%、つまりほぼ半数の家に自動小銃が常時、置いてある。そう思えば怖いが、アメリカのように学校で銃の乱射事件がたて続けに起きるわけではない。個々人が節度を持って管理している。

基礎訓練の後は30歳までに毎年3週間の部隊勤務がある。ともあれ徴兵制と言う割には、期間が明らかに短い。普通、徴兵制と言えば、多くの国は2~3年だ。それがスイスではたった5ヵ月ほど。このためスイス軍は「パートタイムの軍隊」と揶揄《やゆ》される。職業軍人は4000人ほどだ。平和志向が強い風土だけに、徴兵を忌避する若者も多い。ジュネーブで会った中学校の音楽教師チボリさんもその一人で、老人ホームや福祉施設の手伝い、災害現場での復旧作業をして兵役に代えた。

他国から侵略されたなど非常の時には、連邦議会が将軍を選出する。将軍の総動員令によって男性は銃を持って48時間以内に所定の基地に集まる。これで一挙に21万人の軍隊になる。つまりが民兵中心の制度なのだ。一人一人が国を守っているという自覚が国民に生まれる。第2次大戦でナチスの侵略の危機の際、たった2日間で43万人の軍隊がそろった。海がないので海軍はないが、空軍はかなりの腕前だ。第2次大戦中には領空に入ったドイツの戦闘機や間違えて侵入したアメリカの爆撃機も撃墜した。山地だけに陸軍の主力は戦車よりもオートバイ部隊だ。兵力や機能から言って、軍隊というよりも国境警備隊に近い。

防衛に徹する思想が普及し、すべての市町村には核戦争に備えた公共の核シェルターがある。一般の住宅の地下にも自前の核シェルターを備えた家は多い。

傭兵から金融業へ

そもそもスイスが中立を開始した中世のヨーロッパはまだ戦国時代で、国家は武装するのが当たり前だった。武装してない国家や地域は簡単に侵略され、相手の領土に組み入れられた。独立と自立を保つには武装が必然だったのだ。

15世紀のスイスの最大の産業は、他国に兵士を派遣する傭兵だった。他にはこれといった産業がなかったので、人間を売りに出すしかなかった。危険は覚悟の上だ。戦場で怖くなって逃げ出せば信用を失う。いったん雇われたからには雇い主に忠誠を尽くすのがスイスの傭兵の流儀《りゅうぎ》だった。強いし責任感もあることで各国の信頼を得た。派遣された国が戦争した時、それぞれに雇われていたスイス人の傭兵同士が最前線で戦って全滅したこともある。

フランス革命の時代にフランスの王室を警護したのもスイス人の傭兵だった。マリー・アントワネットを護っていたフランス人の近衛兵は逃げたのに、スイスの傭兵は最後まで律義《りちぎ》に踏みとどまって全滅した。ナポレオンのロシア遠征にも9000人のスイス人傭兵が従い、撤退のときは危険なしんがりを務めた。無事に帰国できたのは700人だけだ。金で雇われただけだから命まで差し出す必要はなさそうだが、進んで命を投げ出したから信用を勝ち得たのだ。

「アルプスの少女ハイジ」のおじいさんも、傭兵としてイタリアのナポリに赴いたという設定だ。誤って殺人を犯したのでスイスに逃げて帰り、都市にいると捕まるので山にこもったというストーリーである。今もローマのバチカンの教皇庁の警護に当たっているのはスイス兵だ。物語に出て来るような甲冑《かっちゅう》と礼装に身を包み、槍の先に斧が着いたハルベルトという特殊な武器を持っている。この武器を発明したのも昔のスイス傭兵だ。ちなみにスイスは今も自動小銃など自国軍の武器は自前で開発している。

スイスは傭兵を各国に偏《かたよ》りなく派遣して経済の安定を得た。彼らが外国人労働者となって出先から本国に送る金が、国の大きな収入源だった。国外からの送金を受け取りやすくするためにスイスに銀行が発達した。同時に各国の情報も集まり、今日の金融大国の基礎となった。

スイスの銀行といえば堅実であるとともに、顧客の秘密を厳しく守ることでも名高い。一方で「スイスの銀行家とは晴れた日に傘を貸し、雨が降り出すと傘を返せという人たちである」と陰口をたたかれる。銀行家に限らない。スイス人はケチで、したたかで、しかつめらしく、ユーモアが少ないと言われる。「考えてからでないと笑わない」とも。

スイス人の国民性を示すこんな小話がある。

神様が三つの願いをかなえてくれることになった。何が欲しいかと聞かれたスイス人は「1番目は美しい山と川、2番目は美しい牧場と乳牛」と答えた。乳牛の乳を飲んだ神様が「さて、3番目は?」と問うと「いま飲んだ牛乳代2フランをください」と言ったという。

国際協調の平和戦略

スイスには国際機関も多い。中でも国連欧州本部があるジュネーブは国際都市であり、世界から人々が集まる。その現場を訪れてみよう。

市電に乗って国連の欧州本部を目指した。電車を降りて坂を上ると、欧州本部の入り口とは反対側の丘の上に大きな建物がそびえる。その屋上には白地に赤い十字の旗がはためく。赤十字国際委員会の本部だ。スイス人の銀行家アンリ・デュナンが設立したさい、スイス国旗の赤と白を逆にして赤十字の旗にした。

国連欧州本部の建物に入った。新館と旧館があるが、旧館はアールデコ調の壮麗《そうれい》な建物だ。ここは第1次大戦後にできた国際連盟の本部だった。国際連盟が発足するとスイスはすぐに加盟し、本部をジュネーブに誘致した。会議室などは今もそのまま使われている。私が訪れた日は国際労働機関（ＩＬＯ）の会議が、あちこちの部屋で開かれていた。

新館の大きな会議をする部屋には通訳のブースがある。公用語は六つで英語、フランス語、中国語、ロシア語、スペイン語、アラビア語だ。総会議場は２０００人収容の広さがある。会議は毎日４０件ほど。年間に1万１０００件の会議が開かれている。

国連で働く日本女性に会った。沖縄出身の新垣尚子《あらかきしょうこ》さん。このときまですでに２３年も国連職員をしていた。訪ねたときは国連国際防災戦略事務局（ＵＮＩＳＤＲ）で働いていたが、この機構は２０１９年に名が国連防災機関（ＵＮＤＲＲ）に変わった。世界における防災態勢の構築が仕事で、国連の中でも日本の貢献が強い組織だ。

新垣さんはアメリカの大学に留学したあと京都の立命館大学の大学院で学び、国連のトレーニング・プログラムに参加した。初めての国連の仕事は国連開発計画（ＵＮＤＰ）だ。内戦後のモザンビークで平和の構築を手がけた。その後、東ティモールの独立の援助、ルワンダの難民援助などした。「だれもが取り残されない社会を創りたい」と意欲を燃やす。第２次大戦末期の沖縄戦の話を聴いて育っただけに、アフリカの難民が他人事とは思えない。親身になって世話をする姿勢が、難民からも慕われた。

さまざまな国籍の人々や国家を巻き込んで事業を進めるのは大変だ。押しが強くないと務まらない。新垣さんも小さいころからものおじしない性格だったからこそやれる仕事だ。「国連憲章をいつもテーブルに置いて、バイブルのようにしている」と彼女は言う。こうした女性の存在は頼もしい。「政治家は自分たちの国のことしか考えない。国境を越える問題を解決するのは国連しかない。その役割を果たさなければならない」と使命感に燃えている。

スイスは第2次大戦後すぐには国連に加盟しなかった。しかし、国連欧州本部と関係機関をジュネーブへ誘致し、国際外交の場を提供した。国連に加盟したのは、国連の発足から半世紀以上たった2002年だ。ジュネーブには常時3万人以上の外交官や国際公務員が駐在している。世界貿易機関、世界難民機関など35の国際組織、250ものNGOが事務所を置く。スイスの人口のうち在留外国人が2割を占めるが、中でもジュネーブに住む外国人は多い。国際機関を誘致するのも、この国の平和戦略の一環だ。これだけ世界と人的につながっていれば、この国を侵略しようとしたり不仲になろうと考えたりする国はないだろう。

一方で、他国とのつながりを深めれば、その分、政策が縛られがちだ。英国が欧州連合（EU）を離脱したのも、そこに理由がある。スイスは制約を嫌って、最初からEUには入っていない。あくまで自立する姿勢なのだ。とはいえ出入国の審査を撤廃して国境を開放するシェンゲン協定には加盟している。この辺が実利を追求するプラグマティックなスイスらしい。

直接民主制の伝統

18世紀にジュネーブに生まれたのが、人民主権に基づく直接民主制を説いたジャン゠ジャック・ルソーだ。彼は主著の『人間不平等起源論』を「祖国ジュネーブ」に捧げた。当時のジュネーブはスイスでもフランスでもない独立した地域だった。連邦国家のスイスに参加するのはルソーの死後である。

ジュネーブの中心部を歩くと、ルソーの生家に行き当たった。通りに面した石造りの堂々とした建物である。彼が活躍したころのジュネーブは、参政権を持つ市民による「市民総会」を最高意思決定機関とする共和制だった。一部の上層ブルジョワが実権を握ったあと、市民総会を復権させる運動が盛り上がった。

こうした流れが、今日も残る直接民主制につながっている。スイスの直接民主制は世界に名高い。かつては州の有権者全員が一堂に集まって政治を決めた。ランツゲマインデという。そうした「青空集会」の習慣はさすがに全州規模ではなくなったが、人口1万6000人のアッペンツェル・インナーローデン州や4万人のグラールス州では今も健在だ。

議会で議員だけが法律を作るのではなく市民が直接、政治に参加する仕組みも整っている。有権者10万人の署名で憲法改正を発議できる国民提案制度（イニシアティブ）がある。連邦議会が可決した法律を国民が否決することもできる国民投票制度（レファレンダム）は、有権者5万人の署名で実行され、過半数の賛成で成立する。

さらに、各市町村で何かにつけて住民投票が日常的に行われる。スイスに長年住んできたガイドの宮村かおるさんはスイスの民主主義をたたえつつ、「スイスの2700を超える自治体では、毎週日曜日に何らかの投票が行われる。ゴミ箱を置く場所さえも投票で決めるんだから……」と、わずらわしさに辟易していた。

ジュネーブ州では、ウサギやモルモットなど社会性のある動物を1匹で飼うのは動物にとってかわいそうだから複数で飼おうという住民の提案があり、投票が行われたという。「え？こんなことまで」と思うようなことまで投票にかける。だが、自分たちのことは自分たちで決めるという点は評価できる。個人の自立が国家の自立の基礎となっている。

2017年には脱原発が国民投票にかけられた。「もう原発を建設しない。国内に5基ある原発は段階的に停止する。再生可能エネルギーを推進する」の案に58％が賛成した。

2019年6月14日、ジュネーブの中心部で大規模なデモに遇った。女性ばかり約2万人が紫色の服を着て声を張り上げながら大通りを埋める。男女平等の権利を求める女性の全国的

女性の権利を求めるデモ
＝ 2019 年 6 月 14 日、ジュネーブで

なストライキで、参加者はスイス全土で５０万人に達した。

デモの横断幕には「怒れる女性たち」とあり、「今日私たちは働かない。ストを決行する」と書いたポスターがあちこちに貼られている。午後３時２４分には、賃金格差から計算すればこれ以後は無償労働に当たるからと、保育士はおやつを食べる「おやつスト」を決行した。

１９９１年のこの日、男女平等を求めるスイス初の全国規模のデモが行われた。それから２８年もたつのに憲法に定めた男女平等が実現していないのはおかしい、という主張だ。スイスの女性の賃金は男性と比べ、今も平均２割低い。

ではスイスの女性の権利は世界でどの程度なのか、と疑問に思って調べてみた。２０１９年に経済協力開発機構（ＯＥＣＤ）が発表した女性の権利ランキングで、女性の権利が実現されている国の世界1位は、なんとスイスだった。世界一なのにさらに権利を主張するのかと驚くかもしれないが、発想は逆だ。主張を行動で示したから世界一になったのだ。

もともとスイスは保守的な土地柄である。女性の参政権さえ長く認められなかった。連邦レベルで参政権が認められたのは１９７１年。１９９０年にようやく州レベルの女性参政権が認められた州もある。こうした世界の最低レベルから最高へと短期間で駆け上がったのは、女性自らが権利を求めて行動したためだ。

それだけではない。男女平等の必要性に目覚めたあと、スイスは国を挙げて男女差別を防止する強力な法律を作った。女性の社会進出を促すには、国を挙げての努力が必要なのだ。ちなみに、同じ調査で日本の女性の権利ランキングは５４位だった。

時計からチョコレートまでの移民力

スイスといえば名高いのは時計だ。ルソーの父親も時計職人だった。時計産業の真髄《しんずい》を知ろうとジュネーブにある「パテック・フィリップ博物館」を訪れた。１９世紀にジュネーブで高級時計の販売を始めたアントワーヌ・ノルベール・ド・パテックに由来する時計の博物館だ。

スイスの時計産業がフランスからの亡命者によって始まったことは先に述べたが、このパテックもまたポーランドからの亡命者である。ポーランドがロシア帝国から独立しようと反乱を起こして敗れた騎兵隊の将校だった。

博物館の1階には時計製作の機械が展示してあり、ガラス張りの向こうで時計修復の専門家がアンティークな時計の修理の実演をしている。4階は図書館で、3階は首から下げるドラム型の初期の携帯時計や真珠、トルコ石、七宝の時計など見事な装飾時計が並ぶ。2階はパテック・フィリップの複雑で精巧な時計のコレクションだ。永久カレンダーや温度計まで33の機能を持つ世界で最も複雑な懐中時計もある。見ていて飽きない。

世界の時計産業を席巻《せっけん》していたスイスだが、1969年に危機が訪れた。日本のセイコーが水晶を使ったクォーツの腕時計を世に出すと、世界の時計はぜんまいばねからクォーツに転換した。スイスの時計は壊滅的な打撃を受け、多くの企業が倒産した。

しかし、1983年にシンプルで価格も安いスウォッチを登場させる一方、超高級時計の普及に乗り出した。これでスイス時計は復活した。いま、世界市場の販売金額の7割をスイス時計が占める。世界の時計の6割を生産する日本も、販売額では1割に過ぎない。

時計と並んで名高いのがチョコレートだ。スイス土産といえばチョコレートが頭に浮かぶ。スイス人一人当たり年間のチョコレート消費量は10キロ以上で世界一であり、日本の6倍だ。チョコレートの原料であるカカオは熱帯産で、スイスではできない。それなのにこれだけ普及したのは、スイスの豊富な牛乳をチョコレートに混ぜ、美味しいミルクチョコレートを製品とすることに成功したからである。

それだけではない。私は中南米の農場でカカオからチョコレートを作る現場を見たが、できたものを口に入れるとざらざらして食感がよくない。スイスでは精密機械でチョコレートの粒子の大きさを細かく調節するので、舌先に滑らかで美味しく味わえるのだ。

チョコレートの中にナッツやオレンジピールなどを入れる製品が生まれたのは第２次大戦中のスイスだ。戦争でチョコレートの原料が手に入りづらくなり、その埋め合わせとしてチョコレートの中に詰め物をするようになった。

かつて日本でコーヒーといえば、インスタント・コーヒーのネスカフェが一般的だった。スイスにある世界最大の食品・飲料会社ネスレ社の製品だ。チャップリンの邸宅に近いヴヴェイの町に巨大なネスレ本社ビルがある。この町の船着き場から遊覧船に乗ってローザンヌに行く途中、レマン湖のほとりに見えるガラス張りの建物だ。

以前のスイスでは乳児の死亡率が高かった。生活のために働く貧しい母親が多く、栄養不足で母乳が出なかったためだ。薬剤師のネスレは母乳で育つことのできない新生児のために、液体の牛乳を粉末に変える技術を開発した。そこから広げてチョコレートやコーヒーを手掛けるようになった。ネスカフェが伸びたのは第2次大戦でアメリカ軍の主要飲料となったためだ。チャップリンの博物館がオープンした2ヵ月後の2016年6月には、ネスレの創業150周年を記念して博物館「ネスト（巣）」がヴヴェイに開設された。ネスレ社の歴史だけでなく世界の食について展示している。

ネスレを創業したアンリ・ネスレはドイツの出身だ。元の名はハインリヒ・ネストレで、ネストレは「巣」を意味する。家紋は鳥の巣だ。彼もまたドイツからスイスにやって来た移民である。フランス語圏のヴヴェイに移住したため、名前をフランス風に変えた。そしてミルクチョコレートを開発したダニエル・ペーターは彼の友人で、ヴヴェイのロウソク職人だった。ランプの普及でロウソクが売れなくなって困ったとき、ネスレの技術を応用して板状のミルクチョコレートを完成させたのだ。時計もチョコレートも、スイス産業の元は移民の力なのである。

アルプスに輝く虹

スイスと言えばアルプスが名高い。旅の最終地として列車とロープウエイを乗り継ぎ、アルプスの高峰を望む標高1650メートルの山間にあるミューレンの村にたどり着いた。目の前にアイガー、メンヒ、ユングフラウの３つの峰がそびえる。最も低いアイガーで標高は３９７０メートル、ユングフラウの山頂は４１５８メートルもある。部屋の窓から正面に３峰を望む「ホテル・アイガー」に入った。入り口にエーデルワイスの白く可憐な花が咲いている。

翌朝早く目を覚ました。私の取材ノートには、こう記してある。

「５時半起床、すでに外は明るく、窓の外には左からアイガー、メンヒ、ユングフラウの高峰が眼前に迫る。アイガーの谷からうっすらと一筋の雲がたなびくほかは雲一つない。６時、３峰の右側の山の万年雪に朝日が当たって山頂が白く輝く。アイガー中腹の雲はどんどん膨み、白いクジラの形になった。メンヒの壁も朝日を受けて白く筋状に光る。アイガーの雲は白いシャチの形になった。６時２０分、アイガーの左側の山稜から朝日が顔を出した。その途端、目の前が水蒸気に包まれ真っ白になった。霧の中にアイガーとメンヒの山頂だけが見える。６時４０分、霧が広がって何も見えない。乳白色の中に太陽がぽっかりと、まるで月のように丸く浮かぶのがわかるだけだ。６時５０分、ピグピグピグと鳥の鳴き声が笛のように響く。霧が晴れてきた。７時、ぐんぐん霧が消え、太陽がまぶしく輝く。霧の中から鮮烈な青空が生まれ、メンヒの山頂が威容を現した」。

山間の村で８１歳になる日本画家の宮本和郎《かずろう》さんが個展を開いていた。スイスの風景を日本画で描く珍しい作風だ。宮本さんは「日本はトラクターでなく鍬《くわ》一つで畑を耕した。スイスもつい少し前までは大きな鎌で草刈りをしていた。美しい自然の中で自然と一体となって生きてきた点で、日本とスイスは共通している。永世中立国のスイスと、戦後の平和文化を作った日本と似ている」と話す。花を切り取って花瓶に挿し静物画とするヨーロッパと、花鳥図が表わすように自然の中の姿をそのまま描く日本画の違いを指摘しつつ、自然とともに生きるスイスと日本の近さを説明した。

旅の終わりに参加者が感想を語り合った。宮城県の遠藤光廣《みつひろ》さんは「スイスの鉄道駅は静かだ。日本の駅ではやかましく注意する。こうしたことがいつしか、ものを考えず他人の指示に従う人間を作るのではないか」と指摘した。アナウンスがなければ、人々はそのつど自分の頭で考える。世界に名高いスイスの鉄道は、その存在自体が自立した人間を養成している。

埼玉県の高田明子さんは「チャップリン邸の彼のベッドを見たとき、彼が最後に幸せだったと感じることができた。それがうれしかった」と話す。チャップリンの大ファンだという東京都の古里克子さんは「博物館を見ることができて良かった。一生の思い出に残る旅行だった」と満足げだ。1年に映画を80本見るという埼玉県の堤京子さんは「映画好きになるきっかけはチャップリンを観たことから。博物館に行けて夢のようだった」としみじみ語った。

良いことばかりではない。一番の問題は高い物価だ。食事のたびにメニューを見て値段の高さに頭がくらくらした。英国の「エコノミスト」誌が、マクドナルドのハンバーガーの各国での値段をもとにビッグマック指数を発表した。それによると、日本で370円のものがスイスでは720円で、倍近い。こんな中で暮らすのは大変だ。もちろん給料も高く、ジュネーブの市民の平均月収は72万円である。いいなあと思うだろうが、家賃が30万円と聞けば、たじろぐ。年収500万円だと低所得者に分類される。食事と言えば、夜9時を過ぎるとアルコールの販売は禁止だ。夜中にビールが飲みたい人は早めにスーパーで買っておくように。

ホテルの部屋でチャップリンの映画を上映した。1919年の『サニーサイド』、1921年の『のらくら』、1922年の『給料日』の三つの短編に笑いが渦巻く。製作からほぼ100年後に、私たちはチャップリンの姿を見て心から楽しんでいる。盲目の花売り少女と放浪紳士の物語『街の灯』を映すと、すすり泣きが漏れた。

その途中でふいに、偶然のことだが、プロジェクターの電源が切れてしまった。顔を上げて窓を見ると、空が真っ赤に染まっている。急いでベランダに出ると、正面に見るアイガーの壁面が夕日を浴びて黄金色に輝いていた。しかも、虹がかかっている。山腹を赤と黄色と緑の曲線で縦に切り取るように、きれいな虹が輝く。まぶしいほどの幻想的な光景だ。チャップリンを求めるスイスへの旅を祝福するかのようだった。

アルプスの夕焼けに輝く虹
＝ 2019 年 6 月 18 日、ミューレンで

おわりに

「みんな笑いたいんですよ、腹の底からね。それに応える映画が必要なんです」。『男はつらいよ』シリーズの山田洋次監督にこれまで6、7回、インタビューをした。その中で「なぜ喜劇映画を作り続けるのですか?」と質問したとき、山田監督はこう答えた。

シリーズが始まったのは日本が高度経済成長するただ中だ。経済規模は拡大したが、それと引き換えに人間らしい暮らしは破壊された。しかし、激動する時代に人々はただ翻弄《ほんろう》されたのではない。そのさなかにも「笑い」をもって人間性を貫こうとした。

世界の人々を「笑い」に包んだのがチャールズ・チャップリンである。二つの世界大戦、経済の大恐慌と冷戦が渦巻き、ともすれば恐れおののく人々の心に救いをもたらした。

その彼を追った。書き進むにつれ「チャップリンもつらいよ」と言いたくなるような彼の奮闘の人生のすさまじさが身に迫った。そして、自身の辛さを犠牲として、よくぞこれほど多くの心から笑える作品を私たちに残してくれた、という感謝の気持ちがあらためてわいた。

極貧や政治的抑圧など常に困難な状況に身をさらしながら、毅然とした真っ直ぐな人生を貫いたチャップリン。自伝や彼について書かれた伝記を読みなおすと、あらためて感心する。こんなにひどい少年時代を過ごしながらグレもせず、アメリカ社会の負の部分にさらされながら社会の重圧に押しつぶされもせず、よくぞ真っ当で人格的にも優れた独自の人生を突き進めたものだ。人生を一本貫くものが彼の心の内にあったからだろう。

この本の書名として最初は『凜としたチャップリン』を考えた。しかし、「凜」の一文字ではとうてい足りない。あえて『凜凜』と二つ重ねることで、つらい少年時代を耐えた彼へのリスペクト、映画人として虐げられた人々を励ました彼への強い畏敬の念を表そうと思った。

爽やかな3色の風を今、思い出す。チャップリン邸の広大な庭で寝そべっていたときに顔を撫《な》でながら吹きすぎた草の匂いのする緑の風。レマン湖で船に乗ってデッキに立ったとき、頬を打つように激しく吹きつける清い水を含んだ青い風。スイス・アルプスの高原をトレッキングしているとき、万年雪をいただいた高峰から滑り落ちるように吹いてきた高山植物の香りを含んだ白い風。チャップリンが「放浪者」として映画に登場したように、私はチャップリンの映画と彼の人生を放浪した。

スイスのチャップリン邸が公開されたことを知ったのは「チャップリンズ・ワールド」がオープンした翌年だ。まず頭に浮かんだのは『ライムライト』の最後のシーンである。もの悲しいテーマ曲に乗って、今にも亡くなろうとする主人公の前で踊るバレリーナ。さらに『黄金狂時代』のロールパンのダンスや『街の灯』のボクシングの試合など、次から次へと名場面が頭をよぎった。あのチャップリンを身近にとらえることができる。一刻も早く行きたいと思った。

呼びかけて同行の人々を募り、2年連続で6月に現地に出かけた。1年目はチャップリンの邸宅を中心にしたが、スイスの土地柄を知ることも最初から視野に入れた。邸宅というピンポイントではなく、彼を25年の長きにわたって丸抱えしたスイスの風土に興味を覚えたからだ。2年目はチャップリンが通ったワイナリーなど周辺も探った。今後も新鮮なテーマを設定しながらチャップリンを追うつもりだ。「チャップリンを知る」から出発して「チャップリンを体験する」という感覚に進化した。

本書はもとよりチャップリンの研究書ではない。優れた研究書は大野裕之氏らの手ですでに多く出ている。私がチャップリンについて新たな切り口を提示しているわけでもない。今、チャップリンの本を出す理由を問われるなら、「チャップリンをより多くの人に、より身近に、より広い目で具体的に感じてほしいから」である。

チャップリンの名言の一つに「我々はあまりにも多くを考えすぎるが、あまりにも少なくしか感じていない」というのがある。頭で理解するよりも、素直に感じ取ったほうがいい、と言い換えてもいい。ありていに言えば、まずは自分の感覚でチャップリンの映画を鑑賞し、ぶらりと邸宅を訪れて自然体で感じてみようということだ。本書を読んでチャップリンをスイスに訪ねてみたいと感じた方は、ぜひ、現地に飛んでみて欲しい。

とりわけ今の日本では社会や学校で人間の管理化が進み、共謀罪など戦前を思わせる様々な法律によって、物言えぬ時代に舞い戻っている感がある。学校では生徒も教師も沈黙を強いられ、会社では上司の言うことにただ従う従順な社員が求められる。それを人間と呼べるのか。まさにチャップリンが『モダン・タイムス』で指摘した、家畜のような存在ではないか。

私たち今の日本人にとって、チャップリンを再認識することは過去を振り返ることではない。人間性に満ちた未来を創るためのきわめて有効な道だと思う。チャップリンが指摘するように、笑いには力がある。社会が行き詰まり個性が消されようとするとき、一見、何の力も持たないような「笑い」こそが全ての抑圧をはねのけ、人間性を取り戻す第一歩となりうる。

まず笑い、次に泣き、また笑う。それを繰り返して人間の感性を幅広く養うこと。それこそが閉塞した社会を変える力になる。「笑いがない日なんて、無駄だ」という彼の言葉もある。思い起してほしい。心から笑った日がこの1年のうち、どれだけあったか。1年があっという間にたった、と感じるのは、何も感動していないからではないか。

では、どうしたら笑えるのか。簡単だ。チャップリンの映画を観ればいい。映画館でなくてもDVDあるいはインターネットを介して観ることもできる。それをてこに、自分を取り戻そうではないか。

この本を書くに当たっては多くの書籍を参考にさせていただき、肝心な部分は原文を引用した。その際、文献の初出箇所に版元など明記したが、研究書ではないので該当ページまでは示していない。また、数字の表し方や漢字かひらがなかなどは、読みやすいように本書の表記に統一させてもらった。ご了解いただきたい。

最後になったが、本書の出版を強く勧め原稿もていねいに見てくれた新日本出版社の田所稔社長、チャップリンを訪ねる旅を提案し企画してくれた富士国際旅行社の太田正一社長と遠藤茜さん、そしてスイスの現地を案内し原稿も点検してくれた宮村かおるさんに心から感謝したい。装丁を担当した佐藤克裕さんは、日本に縁のある桜色を背景に宇宙を頭脳に宿したチャップリンという表紙を創案してくださった。深くお礼を申し上げる。


2020年2月6日、『キッド』の封切りから99年目の日に

伊藤千尋

伊藤　千尋（いとう・ちひろ）
1949年、山口県生まれ。71年にキューバでサトウキビ刈り国際ボランティアに参加。73年、東京大学法学部を卒業、東大「ジプシー」調査探検隊長として東欧を調査する。74年、朝日新聞社に入社。東京本社外報部などを経て、84～87年サンパウロ支局長。88年『AERA』創刊編集部員を務めた後、91～93年バルセロナ支局長。2001～04年ロサンゼルス支局長。現在はフリーの国際ジャーナリスト。「コスタリカ平和の会」共同代表、「九条の会」世話人も務める。
主著に、『9条を活かす日本――15%が社会を変える』『凜とした小国』『凜としたアジア』『辺境を旅ゆけば日本が見えた』『一人の声が世界を変えた！』（以上新日本出版社）、『世界を変えた勇気――自由と抵抗51の物語』（あおぞら書房）、『13歳からのジャーナリスト――社会正義を求め世界を駆ける』（かもがわ出版）、『今こそ問われる市民意識』（女子パウロ会）、『地球を活かす――市民が創る自然エネルギー』『活憲の時代――コスタリカから9条へ』（以上シネ・フロント社）、『新版観光コースでないベトナム』『キューバ――超大国を屈服させたラテンの魂』（以上高文研）、『世界一周 元気な市民力』（大月書店）、『反米大陸』（集英社新書）、『たたかう新聞――「ハンギョレ」の12年』（岩波ブックレット）、『太陽の汗、月の涙――ラテンアメリカから問う』（増補版、すずさわ書店）、『燃える中南米』（岩波新書）など多数。

凜凜《りんりん》チャップリン

2020年4月16日　初　版

著　者　伊藤千尋
発行者　田所　稔

郵便番号　151-0051　東京都渋谷区千駄ヶ谷4-25-6
発行所　株式会社　新日本出版社
電話　03（3423）8402（営業）
03（3423）9323（編集）
info@shinnihon-net.co.jp
www.shinnihon-net.co.jp
振替番号　00130-0-13681

印刷　亨有堂印刷所　製本　小泉製本

落丁・乱丁がありましたらおとりかえいたします。

ISBN978-4-406-06407-1 C0074　Printed in Japan